理论+案例+图解+管理经验，现代班组长管理利器 ★

SAFETY
MANAGEMENT

王延臣◎编著

图解
案例版

第2版

现代班组长
安全管理

U0650065

中国铁道出版社
CHINA RAILWAY PUBLISHING HOUSE

图书在版编目（CIP）数据

现代班组长安全管理:图解案例版/王延臣编著. —2版 . —北京：
中国铁道出版社，2018.10
ISBN 978-7-113-24763-8

Ⅰ. ①现… Ⅱ. ①王… Ⅲ. ①班组管理-安全管理-图解 Ⅳ. ①F406.6-64

中国版本图书馆 CIP 数据核字（2018）第 172783 号

书　　名：现代班组长安全管理（图解案例版）（第 2 版）
作　　者：王延臣　编著

责任编辑：马真真　王淑艳　电话：010-51873005　电子信箱：jane_m805@163.com
封面设计：王　岩
责任校对：王　杰
责任印制：赵星辰

出版发行：中国铁道出版社（100054，北京市西城区右安门西街 8 号）
网　　址：http://www.tdpress.com
印　　刷：三河市兴达印务有限公司
版　　次：2015 年 11 月第 1 版　2018 年 10 月第 2 版　2018 年 10 月第 1 次印刷
开　　本：700 mm×1 000 mm　1/16　印张：16.5　字数：240 千
书　　号：ISBN 978-7-113-24763-8
定　　价：55.00 元

再版说明

　　"优秀班组长管理"系列丛书,是资深班组长技能培训讲师王延臣老师的力作。该系列图书,图文结合,案例相辅,内容通俗易懂,操作方法详细具体。自出版后,受到广大读者的广泛喜爱,多次重印,是企业团购类经典图书。

　　随着"中国制造2025"战略的提出与落地,处于企业末端的班组长的管理水平愈发显得重要,甚至可以说是直接决定了中国制造的水准。另一方面,最近几年,企业安全事故频发,也使班组长管理水平遭受严峻考验。在新形势下,广大企业对班组长管理更加重视,班组长自身对提高管理水平的需求也越来越大。鉴于此,我们经过多次深入企业调研,通过听取众多优秀班组长的反馈和建议,决定对这套丛书进行修订再版。

　　这次修订再版,我们在原书基础上,弱化了一些理论和概念性的内容,突出实用性、针对性和可操作性,并对一些比较陈旧的案例和内容做出了修改,尽量让全书更富有新意,更具有可读性。

　　本次修订的"优秀班组长管理"系列丛书,共包含3种,分别为《现代班组长人员管理(图解案例版)第2版》《现代班组长现场管理(图解案例版)第2版》《现代班组长安全管理(图解案例版)第2版》。这套丛书从班组管理的实际出发,全面而具体地阐述了提升班组管理水平和班组长管理能力的方法。同时,本套丛书以精简的理论、务实的案例、简单明了的图表为主,实用性极强,相信一定能让众多企业切实掌握班组建设的实战技巧,创建卓越的班组。

前　　言

"安全为了生产,生产必须安全。"如果说效益是大厦,那么安全就是基石。对企业而言,安全是生存发展的必要条件,是永不过时的话题,只有在安全得到保证的时候,其他经营要素才能有实际意义。而对于员工而言,安全是工作和生活的保障,如果没有安全,其他一切就都是零。

企业抓安全,最终要落实到班组上。班组平安,则企业平安;班组不安,则企业难宁;班组不仅是企业安全管理的切入点、出发点,也是一切安全建设和管理的落脚点。

班组的安全管理决定整个企业的安全生产,近年来发生的多数安全事故表明,90％以上的安全事故发生在班组,80％以上的安全事故是由违章指挥、违章作业、安全隐患没有得到及时排除以及其他班组疏忽而造成的。所以,抓好班组安全管理,对于企业实现安全生产有着决定性的意义。

在班组中,作为生产的带头人和组织者,班组长处在"兵头将尾"的位置,在企业中起着承上启下的重要作用。班组长既是生产一线的直接指挥者,又是一线工作的具体组织者和实施者,一个尽职尽责的班组长,必须能够带领班组员工做好安全生产工作,防止和减少安全生产事故的发生。为此,班组长必须要有高度的事业心、责任感和一定的知识、能力,既要懂生产、精技术、安全、管理,又要有一套灵活的工作方法,有效地带动班组成员,形成合力。

作为班组安全的第一责任人,在实际工作中,班组长要不断地提高自己的安全生产意识、安全知识素养和安全责任感,不仅在平时要注意学习安全知识，宣传安全生产的重要性，还要在班组带头严格执行安全工作的各项规章制度，只有这样，才能被班组员工所尊重和信任，共同保障企业安全生产。

为了充分发挥班组长基层负责人的作用，解决班组实际工作中遇到的现实问题，使班组安全生产有效地进行，达到企业"零事故"的安全生产目标，我们探究了班组长安全管理的特点，结合企业安全生产的实际状况，组织编写《现代班组长安全管理（图解案例版）（第2版）》。

本书结合当前企业的实际发展情况，全面分析班组安全管理的主要内容，不仅包括班组长在安全生产中的责任和义务、作业场所的各项安全隐患、各类生产安全事故的危害与防护措施、现场安全管理的注意事项等，还深入介绍了各种事故处理的方案、程序、急救方法以及注意事项等。除此之外，本书还借助图解，并通过大量生动、具体的实际案例，形象而生动地解读班组安全建设的重要性和必要性。兼具理论性、实操性，内容通俗易懂，操作方法详细具体，对加强班组安全建设和提高班组安全管理水平，具有很好的指导和借鉴作用。

通过本书学习，可帮助班组长有效处理在安全管理中出现的组织不好、管理不力、指挥不当等问题，让班组长在安全生产管理中更加得心应手。

本书可作为企业班组长、班组成员、工区主任、车间主任以及负责安全管理相关领导的岗位培训、执行标准化作业的人士阅读参考用书。

目　录
CONTENTS

第 一 章

安全意识重于泰山——班组是安全生产管理的前沿阵地

班组应建立的安全生产管理制度

1. 职工安全生产守则

2. 安全生产教育制度

3. 安全生产检查制度

4. 危险作业审批制度

5. 事故管理制度

6. 安全生产值班制度

7. 劳动防护用品发放管理制度

8. 安全生产评比制度

9. 特种设备和危险源的管理制度

10. 安全生产记录和档案管理制度

第一节　安全生产的构成

安全是人类永恒的主题

据国家安全生产统计数据显示，2017 年 1～7 月，我国发生了 27 478 起安全生产事故，死亡人数 19 783 人，同比下降 24.7％和 16.8％。其中较大事故 377 起、死亡 1 442 人，同比分别下降 6.5％和 6.1％；重大事故 17 起、死亡 225 人，同比增加 1 起；全国未发生特别重大事故，与 2016 年同期相比减少 1 起、35 人。但是，一些行业领域事故多发态势仍未得到有效遏制，对于安全，我们必须保持清醒认识和高度警觉。

安全是人类生活和生产的最重要、最基本的要求。安全事故发生后，难免有人受到伤害，而企业也将面对利益和声誉的损失。因此，安全生产既是人们生命健康的保障，也是企业生存与发展的基础，更是社会稳定和经济发展的前提条件。

对于企业最基层的生产领导者、组织者——班组长来说，如何处理好安全和生产之间的矛盾，做到确保安全，力保班组的生产进度，使生产不受或少受影响，成为考验班组长的一道难题。能不能始终坚持"安全第一"的思想不动摇，确保生产安全的持续稳定，是对班组长的能力素质和工作作风的一次考验。

无论从哪个方面来说，保证安全生产都应是班组长义不容辞的责任。因此，要建立安全意识、"遵章光荣、违章可耻"的意识，建立保护自己、爱护他人的意识，以及消除隐患、事事警觉的意识。通过明确自己应承担的安全责任和义务，进而规范自己和班组成员的安全行为。

某运输公司货车运输班曾经在某天晚上发生一次道路交通事故，发生事故的主要原因是员工违章酒后驾驶，加上车辆严重超载，从而导致4辆货车连续追尾。而身为运输班的负责人林班长，由于在带队长途运输中，片面追求经济效益，盲目追求进度，致使4辆货车的8名驾驶员疲劳驾驶，连夜在高速公路上赶路。

当晚，运输班在饭店吃饭时，有一名姓洪的驾驶员偷偷喝酒，但林班长却没有检查，让其在喝了半斤白酒的情况下驾驶大货车，导致在驾驶时神志不清，判断失误，使大货车撞上高速路旁的栏杆。其后的三辆大货车由于来不及刹车，连续追尾，所幸的是，驾驶员只是受到一些轻伤，但车子却严重受损。不过，在前面带队的林班长却躲过一劫。

林班长身为运输班的负责人，忽视安全管理，对于个别员工酒后驾驶疏于检查，不采取有效的安全防范措施，致使发生严重的事故，造成直接经济损失600万元。

上述案例中，林班长作为运输班的负责人，对员工的人身和车辆、货物的安全，都负有直接责任。遗憾的是，他片面追求经济效益，带领员工疲劳驾驶，对个别员工醉酒驾驶也不及时检查和予以制止，不采取有效措施加以避免，表现出对员工人身安全的严重不负责任，以致发生了重大事故。对此，林班长负有不可推卸的责任。

很多人都只把"安全第一"放在口头上，甚至会把安全工作的规程倒背如流，然而在实际工作中，却把"完全第一"抛之脑后，我行我素地违章操作，这是很危险的。

对于安全工作规程、技术操作规程、企业纪律章程等规章制度，很多人抱着掉以轻心的态度，其实，这些规章制度都是用鲜血和教训凝结的。在工作中，也许你对这些规章制度耳熟能详，但为什么最终不能落实到行动上？究其原因就是怀着"侥幸过关""简化程序"等心理，心中少了安全生产这根弦。所以，当有这种思想冒头的时候，建议最好的办法是"停一停、想一想"，自己是否做到"安全第一"了？是否遵章守纪、标准作业了？

在一个企业里，岗位技能的标准有高有低，但最基本的技能，却是掌握安全的技能。因为只有掌握了最基本的安全技能，才能真正掌握和实施操作更高标准和更高层次的技能。因此，从这个角度来说，安全技能是一切技能的基础和最低标准。

作为一名企业的班组长，怎样才能把"安全"这个主题，贯彻到实际工作中呢？首先，要在做每一件事情之前考虑"安全"二字，在执行每个作业程序时，头脑中要始终绷紧"安全"这根弦。其次，要经常对下属员工开展安全教育，将安全生产渗透到每个员工的思想意识之中，使其自觉遵守企业的安全生产规章制度。

安全是人类永恒的主题，要想保障每个人的安全，班组必须在日常工作中以企业安全制度为基础，不断强化员工的岗位安全技能，提高员工的安全意识。

从业人员安全生产权利

班组长要想让员工头脑中时刻绷紧"安全"这根弦，做到安全生产零事故，首先要使员工熟悉自己所拥有的安全生产保障权利——这也是劳动者应享有基本权利。

很多国家和国际组织都对生产安全高度重视，纷纷立法保障这一基本的人权。我国也非常重视劳动者的安全问题。

我国《宪法》在《公民的基本权利和义务》一章中明确规定："国家通过各种途径……加强劳动保护，改善劳动条件。"在我国《劳动法》《工会法》《矿山安全法》等法律中，也都有关于劳动者安全生产保障问题的规定。《安全生产法》作为安全生产的专门法，在分则的有关条款中，对从业人员获得安全生产保障的权利作了更具体的规定。

2001 年，我国加入了联合国《经济、社会及文化权利国际公约》，该《公约》明确规定："各缔约国承认人人有权享受公正和良好的工作条件，特别要保证……安全和卫生的工作条件。"

某地煤矿上早班的工人，突然发现工作面顶板出现了问题，于是向班长要求立即停止作业。但班长考虑到生产任务紧迫，不同意工人停工，部分工人离开了矿井，而另一部分工人听从了班长的命令，坚持下班出井。中午，顶板断裂了。这时，班长仍没有及时疏散工人，也没有采取架棚措施，只拿一根圆木立在浮矸上,顶着高处的一块几百斤的危石。结果,那块危石突然从高处下落,将一名员工砸倒在地,该员工终因抢救无效死亡。

在上述案例中,一部分员工能坚决抵制违章指挥,拒绝危险作业,保证了自身的生命安全;而另一部分员工明知出现险情,却屈从违章指挥,冒险作业,最终导致了悲剧的发生。事实上,他们完全有权利拒绝接受班长的命令。按照《安全生产法》规定,从业人员享有的安全生产保障权利主要包括以下几方面。

1. 知情权

《安全生产法》第四十一条规定:"生产经营单位应当教育和督促从业人员严格执行本单位的安全生产规章制度和安全操作规程;并向从业人员如实告知作业场所和工作岗位存在的危险因素、防范措施以及事故应急措施。"

《职业病防治法》第三十五条规定:"对从事接触职业病危害的作业的劳动者,用人单位应当按照国务院安全生产监督管理部门、卫生行政部门的规定组织上岗前、在岗期间和离岗时的职业健康检查,并将检查结果书面告知劳动者。职业健康检查费用由用人单位承担。"

《职业病防治法》第三十三条规定:"用人单位与劳动者订立劳动合同(含聘用合同)时,应当将工作过程中可能产生的职业病危害及其后果、职业病防护措施和待遇等如实告知劳动者,并在劳动合同中写明,不得隐瞒或者欺骗。劳动者在已订立劳动合同期间因工作岗位或者工作内容变更,从事与所订立劳动合同中未告知的存在职业病危害的作业时,用人单位应当依照前款规定,向劳动者履行如实告知的义务,并协商变更原劳动合同相关条款。"

2. 建议权

《安全生产法》第五十条规定:"生产经营单位的从业人员有权了解其作业场所和工作岗位存在的危险因素、防范措施及事故应急措施,有权对本单位的安全生产工作提出建议。"

3. 批评权和检举、控告权

《安全生产法》第五十一条第二款规定:"生产经营单位不得因从业

人员对本单位安全生产工作提出批评、检举、控告或者拒绝违章指挥、强令冒险作业而降低其工资、福利等待遇或者解除与其签订的劳动合同。"

4. 拒绝权

《劳动法》第三十二条规定:"劳动者拒绝用人单位管理人员违章指挥、强令冒险作业的,不视为违反劳动合同。"

5. 紧急避险权

《安全生产法》第五十二条规定:"从业人员发现直接危及人身安全的紧急情况时,有权停止作业或者在采取可能的应急措施后撤离作业场所。生产经营单位不得因从业人员在前款紧急情况下停止作业或者采取紧急撤离措施而降低其工资、福利等待遇或者解除与其订立的劳动合同。"

6. 要求工伤保险待遇和民事赔偿的权利

《安全生产法》第四十九条规定:"生产经营单位与从业人员订立的劳动合同,应当载明有关保障从业人员劳动安全、防止职业危害的事项,以及依法为从业人员办理工伤社会保险的事项。""生产经营单位不得以任何形式与从业人员订立协议,免除或者减轻其对从业人员因生产安全事故伤亡依法应承担的责任。"

《安全生产法》第五十三条规定:"因生产安全事故受到损害的从业人员,除依法享有工伤保险外,依照有关民事法律尚有获得赔偿的权利的,有权向本单位提出赔偿要求。"

7. 其他权利

从业人员还有获得安全生产卫生条件的权利、符合国家标准或者行业标准劳动防护用品的权利和各项安全生产保护条件、定期健康检查的权利等等。设置上述权利的目的,是保障从业人员在劳动过程中的生命安全和健康,减少和防止职业危害发生。

从以上相关的法律法规可以看出,从业人员有安全生产、人身安全等各方面的知情权、建议权、批评权和检举、控告权、拒绝权等多种权利。

很多时候,安全生产事故都是因为违章指挥、冒险作业而发生的。我国的《劳动法》和《安全生产法》都赋予了工人拒绝违章指挥、拒绝冒险作业的权利,班组长应让员工了解自己拥有的这一权利,让员工加强安全意识,维护自身的合法权益。这样才能从根本上减少安全事故的发生。

从业人员安全生产义务

重视生产安全,除了让员工熟悉拥有的安全生产权利以外,班组长还必须让员工熟悉自己应承担的安全生产义务。具体地说,就是遵守国家颁布的各项安全生产法律、法规及各项规程、标准,以及本企业所制定的关于安全生产的各项规章、制度。

2012 年 5 月,某化工厂发生了一起爆炸事故,造成多名员工伤亡。原因是一台脱硫液加料斗在生产中发现裂纹,需要焊接。班长老胡把这个任务下达给员工小季,小季要求胡班长把脱硫液加料斗内的易燃易爆气体彻底放光,然后才打火焊接。胡班长想着任务要求紧急,便催促小季违规焊接。而小季也没有再坚持下去,便打火焊接,在焊接过程中,发生了爆炸事故,小季也在这次事故中伤重不治身亡。

在上述案例中,从劳动者义务的角度来看,胡班长和小季的行为属于《工伤保险条例》第四条第二款规定的"职工应当遵守有关安全生产……法律法规,执行安全卫生规程和标准,预防工伤事故发生……"

胡班长不仅自己没有带头遵守安全生产的规定,还阻挠下属员工小季去维护生产安全,结果酿成大祸。这个血的教训,也说明了胡班长一心只想着完成生产任务,违规操作,只能带来灾难。

那么,法律法规对从业人员安全生产义务的规定非常明确,其中《安全生产法》中规定的义务如下。

1. 遵章守规的义务

《安全生产法》第五十四条规定:"从业人员在作业过程中,应当严格遵守本单位的安全生产规章制度和操作规程,服从管理。"

2.正确佩戴和使用劳动防护用品的义务

《安全生产法》第五十四条规定："从业人员在作业过程中,应当严格遵守本单位的安全生产规章制度和操作规程,服从管理,正确佩戴和使用劳动防护用品。"

3.接受安全教育,掌握安全生产技能的义务

《安全生产法》第五十五条规定:"从业人员应当接受安全生产教育和培训,掌握本职工作所需的安全生产知识,提高安全生产技能,增强事故预防和应急处理能力。"

4.危险报告的义务

《安全生产法》第五十六条规定:"从业人员发现事故隐患或者其他不安全因素,应当立即向现场安全生产管理人员或者本单位负责人报告;接到报告的人员应当及时予以处理。"

《安全生产法》所颁布的这些法律、法规、规程等规定,都是国家对以往各行各业所发生的伤亡事故的总结,每一条款都是用鲜血总结的。因此,班组长有义务带领员工认真贯彻执行,保证班组的安全生产;同时,班组长也不得以任何理由拒绝执行或阻挠员工执行。

然而了解自己的安全生产义务,并不意味着就能做到安全生产,还应当在行动上体现出来。班组长有义务让员工明白:劳动防护用品是为防护自己不受职业有害因素的损伤而配备的用品。此外,在生产中正确佩戴和使用劳动防护用品,可以避免或减轻职业危害的发生。如果员工明白这一点后,就会主动遵守此规定义务。

做到安全生产,除了有安全意识以外,还必须掌握一定的技能,才能把安全生产工作做好。班组长应该使自己和员工尽快掌握安全生产技能。一般来说,一是要积极组织员工接受安全生产教育;二是组织员工进行安全生产培训;三是组织应急演练。通过教育和培训,使员工掌握本职工作所需要的安全生产知识,由此提高安全生产技能,增强事故预防能力和应急处理能力。

当发现事故隐患或者其他不安全因素时,班组长的第一反应不是瞒住,而应当立即向安全生产管理人员或上级报告。班组是进行生产经营

活动的主体,往往是发现事故隐患和不安全因素的第一现场,班组长和员工是第一当事人,只有当事人及时报告险情,才能得到及时处理,避免和减少生产事故的发生。

总之,在安全生产方面,班组长和下属员工一定要清楚自己的义务,严格履行自身所承担的义务,才能保证班组和企业的安全生产健康发展。

班组安全生产规章制度的制定

安全生产规章制度是以本企业和所在车间的安全生产责任制为核心的,它指导和约束班组成员在安全生产方面的行为,是班组成员安全生产的行为准则。其作用是明确班组内各岗位的安全职责、规范班组成员安全生产行为、建立和维护安全生产秩序。

有一个小和尚跟着一位老和尚学理发,这位老和尚先让小和尚在冬瓜上练习用剃刀,等熟练用剃刀后再给人理发。小和尚每次在冬瓜上练习完后,就随手把剃刀插在冬瓜上。老和尚看了,就对小和尚说:"你这种做法不好。"小和尚无所谓地说:"师傅您看,冬瓜又不会疼的,以后我把刀练习好了,给人剃头我就不这样做了。"但小和尚已经习惯成自然,后来他给人剃头时,也把刀插进客人的脑袋,结果酿成了大错。

从上面这个小故事可以悟出,当不好的习惯形成一定的思维定式后,就会在特定的情况下出现下意识的行为。而在一些企业的班组中,平时对违反生产安全制度不以为意,又缺少严密规章制度的约束,最终养成了不注重安全的坏习惯,这就埋下了事故的种子。安全生产规章制度正是为解决这一问题而制订的。它的实际作用就是让员工形成一种良好的行为习惯,用习惯来保障安全生产。

安全生产规章制度包括安全生产责任制、安全操作规程和基本的安全生产管理制度。

班组安全生产规章制度包括各个方面,其中最基本的是"安全生产责任制"。它是按照安全生产的原则,将班组长和下属各岗位员工在安全生产方面应做的事情,以及应负的安全义务,加以明确规定的一种制度。

在拟定的"安全生产责任制"中,应该阐明班组长对本班组的安全生产负有全面责任,对实现安全生产也负有主要责任。各岗位的员工要自觉遵守安全制度、严格遵守操作规程,在本岗位上做好安全生产工作。

"安全生产责任制"分清了班组成员的安全责任后,下一步就要拟定基本的安全管理制度。班组建立的安全管理制度主要有以下几个。

(1)职工安全守则。

(2)安全生产教育制度。

(3)安全生产检查制度。

(4)危险作业审批制度。

(5)事故管理制度。

(6)安全生产值班制度。

(7)劳动防护用品发放管理制度。

(8)安全生产评比制度。

(9)特种设备、危险源的管理制度。

(10)安全生产记录和档案管理制度。

班组"安全生产规章制度"制订以后,执行和进一步完善此项制度是班组安全生产管理工作的重要内容。制度的制订是一项严肃的工作,因此,在制订安全生产各项制度时,要注意以下问题。

1. 依法制定,结合实际

班组制订各项安全生产管理制度,必须以国家法律、法规和安全生产方针政策为依据,要根据法规的要求,再结合本企业的相关安全生产规定来制订。

2. 有章可循,条理清晰

班组各项安全生产管理制度,应涵盖安全生产的方方面面,使与安全生产有关的事项都有章可循。同时,又要注意制度之间明了清晰,防止出现各项制度相互重复和矛盾,以至于无章可循或因重复而使员工无可适从。

3. 科学合理、切实可行

制度是行为规范,必须符合客观实际。如果制度制订得不符合实际,将会误导班组成员的行为。

制订了各项制度后,接着就要付诸行动,把安全生产意识体现在实际生产操作中。应制订"安全操作规程";指导和约束班组成员的行为。"安全操作规程"的内容,应体现班组成员在操作设备、处置物料、进行生产作业时,所必须遵守的安全规则。班组制订的"安全生产操作规程"应包括以下内容。

(1)班组开工前安全检查的内容、方法和安全要求。

(2)安全操作的步骤、要点和安全注意事项。

(3)在开工和生产过程中,巡查设备运行的内容和安全要求。

(4)生产过程中故障排除方法,事故应急处理措施。

(5)班组开工现场和位置、个人防护的安全要求。

(6)作业结束的现场清理。

(7)特殊开工现场的安全防护要求。

安全操作规程对防止生产操作中不安全行为有重要作用。

制度的作用是规范行为,当班组制订了各项安全生产规章制度后,必须同时对班组成员进行相应的教育解释工作,使员工明白为什么要制订这样的制度,避免一部分员工产生消极态度或抵触情绪,使员工提高执行制度的自觉性。此外,也要对员工开展培训,使员工熟悉操作规程。

班组还要经常进行安全生产检查,了解制度的执行情况,并督促不执行或不认真执行的员工进行改正,以保证制度的贯彻执行。

职业安全卫生理念的确立

班组长带领成员建立职业安全卫生理念,实质上是珍惜生命、保护健康。要想让理念在班组成员的心中扎根,最重要的是要体现在实际工作中。也就是说,在生产过程中,要不折不扣地执行安全生产相关规定。首先要遵守安全生产操作规程,企业和单位的岗位繁杂,职业众多,无论从事何种职业,都有本职业的安全禁忌和要求,比如在纺织厂和化工厂是严禁吸烟的,因为吸烟很容易造成重大事故。

如今,在很多岗位上,也命令不准员工吸烟,这不仅关系到员工自身的安全卫生,也会给工作场所带来安全隐患。

在一家纺织厂某车间休息室内,刚参加工作不久的检修工小李拿出一支烟来抽。几位女员工不好意思劝阻他,都跑出去了。而班长老周走进来后,也没有对小李进行批评和制止,小李自顾自地抽着烟。抽完后,顺手把烟头扔在休息室里,然后便走出去了。

过了一会儿,从休息室里突然冒出了火苗,随即又冒出滚滚的黑烟。小李闻讯后,顿时目瞪口呆,不知所措。而车间里的女工也骚乱起来,哭喊声、谩骂声交织成一片。虽然救火车很快赶来,并且厂里很多人也都参加了救火,但仍有一些员工在大火中受伤,车间里的自动化设备和原料也报废了。

事后肇事人小李受到了法律的惩处,周班长也因没有制止小李的违规行为,受到了严厉处分。

在上述的案例中,小李作为当班的员工,在岗位上是不能抽烟的,如果抽烟,必然会给车间和厂子带来不安全的因素。而在他抽烟时,正走过来的周班长也没有制止他,结果小李扔弃的烟头引燃了休息室内的易燃物,造成了火灾事故。这次事故反映出周班长和小李的职业安全防范意识淡薄,虽然他主观上认为在办公室吸一根烟无所谓,然而这种麻痹大意的思想,却埋下了重大事故的隐患。此外,在公共场合吸烟,也对环境造成了一定的污染,影响自己和他人的健康。扔弃的烟头,也成为污染环境的垃圾。作为班组长,应该带领班组下属员工创建和保持清洁卫生的工作场所。那么,班组如何创建一个安全、舒适而清洁的工作场所呢?

1.经常或定期整理物品、工具等

只有经常或定期整理物品、工具,才能做到使现场的有毒物品与无毒物品分开,有用物品和无用物品分开,并能及时处理无用物品。

2.分类存放物品、工具等

把有用的物品分类加以存放,这样才能做到取放简单、使用方便、安全保险。

3.清扫施工现场

对施工现场随时进行打扫,及时清理垃圾、灰尘、污物或泄露物等。

4.保持清洁

经常保持自己的清洁卫生和服装整洁,车间环境要干净无垢。尤其当现场发生有毒物品泄漏后,要及时清理并消毒,否则会造成职业中毒。

另外,还要经常或定期对员工进行培训,让员工熟知并遵守职业安全卫生警示标识。在作业场所、设备、产品包装、贮存场所、职业病危害事故现场等醒目的位置,所设置的职业安全卫生警示标识,班组成员要熟知其含义。同时,还要遵守职业卫生安全警示标识的规定,未经许可不挪动、不拆除职业安全卫生警示标识。

如果现场的职业安全卫生警示标识被物体遮住,或弄脏时,应及时加以整修,并放在醒目的位置上。班组成员建立职业卫生理念,还要注重工作场所的安全装置和防护设施,这也是预防职业安全卫生事故发生的有效手段之一。在工作场所配置通风、除尘、排毒、净化、防暑降温、抗震、防噪等防护设施,还能有效地降低粉尘、毒物、物理因素等职业病危害因素的浓度或强度,使班组成员的身体健康得到有效保障。

作为班组长,还要让员工懂得正确使用个人防护用品。因为职业安全卫生防护用品在预防职业病和工伤事故中,发挥着十分重要的作用。

员工如果身着敞开的袖口、衣襟,或留着长头发,就有卷入机器的危险。在工作场所,如果进入密闭的空间,应当佩戴适当的个人防护用品。如果在粉尘、毒物浓度超标的作业环境下工作,穿戴适宜的个人防护用品,能够达到保护员工自身健康的目的。

在开工前,班组应当按规定为员工发放、维护个人的防护用品,并通过培训,使班组成员正确使用和维护个人防护用品。因为如果使用的方法不当,也会损害自身的健康。

班组长还要定期督促和鼓励员工主动接受职业性健康检查,早发现、早诊断、早治疗。

大多数职业病是不可治愈的,但是可以预防的。为劳动者提供职业性健康检查是用人单位的法定职责,劳动者主动接受职业性健康检查,不仅有利于保护劳动者自身健康,也有利于维护劳动者的相关权益。

(1)班组员工应在企业有关人员的组织下,到有职业病诊断资质的医疗机构进行体检。

（2）班组成员在岗期间或离岗时，都要定期进行职业健康体检。

（3）职业性健康体检项目，应当根据职业接触有害因素确定。

（4）刚进入班组的新员工在体检时，要如实说明过去的体检情况、工作经历和自我感觉状况。

安全是员工的最大福利

在企业，员工的幸福是建立在生产安全和身体健康的基础上的，当一起重大安全生产事故发生后，受到伤害的员工的痛苦，使人见之揪心。因此，在生产的过程中，只有注重保障员工的人身安全，就是给员工的最大福利。当安全有了保障，生产得到发展后，效益才会得以提高，班组成员就能获得较高的回报，也就有能力改善自己和家人的生活环境、使自己的生活质量得到提高，家庭幸福才能得以维系。

吉林省宝源丰禽业有限公司曾经发生了一场严重的火灾事故，事故发生的地方是一个单层钢结构的厂房，用于禽类屠宰加工，起火面积近两万平方米。由于这家公司为了方便日常管理，在员工上班时间内，会关闭大部分的车间大门，防止员工随意走动，扰乱工作秩序。在火灾发生时，车间里有大量的夜班工作人员。因为逃生门被锁上，由于爆炸冲击波和氨气的侵害，以及火势的阻隔，员工逃生困难，伤亡很大。

吉林宝源丰禽业有限公司的深加工车间管理者，为了方便对当班员工进行管理，竟然不顾安全，把车间大部分的门都锁上，以至于火灾发生时，员工难以顺利逃生。这个案例告诉我们，基层的班组对员工直接负有安全管理的责任，如果一心想着完成生产任务，而置安全防范于不顾，必然造成安全隐患，导致灾害的发生，最终受到伤害的是基层员工。

所以，作为班组长，首先应为下属员工创造良好的工作环境，不定期地进行安全检查和抽查，整改和消除不安全因素，使员工在安全、稳定的环境中生产。

　　其次，要经常或定期对下属员工进行安全意识、安全技能和安全素质方面的培训教育，使下属员工懂得如何保护自身的安全。另外，班组长还应该把岗位的安全隐患告知员工，并提供相应的劳动保护用品，确保下属员工在生产过程中的人身安全。

　　在对员工做安全培训的时候，除了强调安全培训是班组的责任，还要使员工有清醒的认识，懂得安全培训的最终受益人是自己。

　　曾经有人对南方某地的一个中等规模的工业城镇，做过生产安全和员工身体健康方面的调查。这个镇上的居民中，很多是产业工人，他们在日常的生产中，经常发生很多事故，其中手部受伤的人较多，因事故所造成的残疾人数，在这些工人中的比例是非常大的。因工致残的主要伤害是断指等手外伤事故，这些致残者的数量十分庞大，被称为"断指现象"。

　　班组成员大多是家庭中的顶梁柱，工作为了养家糊口，为自己的家作出贡献。如果一个工人每年可能为家里挣 10 万元，但生命安全却是"1"。有了前面的"1"，后面更多的"0"才会产生价值。如果没有这个"1"，再多的"0"，都只能是"0"。

　　如果所在班组发生了一起生产事故，从而造成一人死亡，这无疑给班组和企业带来很大的损失，但对伤亡者来说，对家庭的损失则失去了一根顶梁柱。企业、班组失去一个员工，承受了巨大的经济损失，但可能在很短的时间内，就可以找到新的员工来顶替伤亡者的职位。而对于伤亡者和他的家庭却永远失去一个父亲、母亲或一个儿子、女儿，这是永远无法弥补的。所以，生产安全是对每位员工最大的福利，安全管理是对每位员工最好的关怀。

　　在安全隐患和灾害面前，班组成员的防范意识和责任心，为自己上了一份幸福保险，使每一位员工每天都平平安安，家庭都幸福美满。曾经有一家企业的大门口立有一块标语牌，上面写着这样一段口号："在作业现场不戴安全帽的，不穿工作服的，登高不系安全带的，发现一个处分一个。请珍惜工作，珍惜现在的幸福与生命。"

这段口号,明明白白地把生产安全与员工的最大福利、和幸福联系起来,使员工们懂得,只要有安全意识和强烈的责任心,就会远离生产事故,使自己成为生产安全所带来的最大福利和幸福的受益者。

第二节　班组与班组长同安全生产的关系

班组的概念与特点

作为企业中基本的作业单位——班组,是企业内部最基层的劳动和管理组织。一般来说,班组长在企业里不划入"干部"编制,但实际上,班组长却具备了"干部"的基本管理职能。因此,人们把班组长称为"兵头将尾"。

在现代企业中,管理结构一般都是垂直分为三层,高层为决策层,中层为执行层,基层为操作层。高层作为决策层显然属于"动脑"者,而作为执行层的中层,是"动口"者,基层则是"动手"者。作为企业基层组织的"班组"即为"动手"者。

班组有以下特点。

1. 结构小

由于班组是企业中最基层的单位,结构最小,不能再分。

2. 管理全

班组"麻雀虽小,五脏俱全"。在生产、质量、安全、工艺、劳动纪律等方面的管理上,一应俱全。

3. 工作细

由于班组的工作非常具体、繁杂,班组长只有耐心、细致地去对待它,才能把工作做好。

4. 任务实

企业所有的生产任务、管理内容等,最终都要落实到班组。

5. 群众性

班组的日常工作,需要班组长团结全体成员,集中大家的智慧和力量,才能更好地完成。所以,它是一项群众性很强的工作。

在企业的班组中,班组长是领导者,是班组生产管理的直接指挥者、组织者,也是企业中最基层的负责人;班组长是"兵头将尾",在企业里人数众多。班组管理是完成班组生产任务而必须做好的各项管理活动,班组长既要搞好班组的各项管理,又必须做好产品生产的组织领导者;同时,他也是一名实干的生产者。

一个企业高层的决策做得再好,最终还要落实到班组,最终还要依赖班组长的有力支持和密切配合。可以说,班组长是企业与员工之间最主要的沟通桥梁,如果没有一批得力的班组长来组织开展工作,企业的高层决策就很难得到真正落实。

因此,班组工作的好坏,直接关系着企业经营的盈亏和成败,只有班组充满了勃勃生机,企业才会呈现出旺盛的活力,才能有高效的生产,从而在激烈的市场竞争中立于不败之地。因此,班组的生产安全,直接影响着本企业产品的生产进度和产品质量。

所以,班组长必须充分发挥班组成员的主观能动性和生产积极性,合理地组织人力、物力,积聚各方面的积极性,使班组生产均衡有效地进行,激发出"1+1>2"的效应,最终使班组的工作做到按质、按量、按期、安全地完成,真正落实上级下达的各项生产计划指标。

要圆满完成上级下达的生产任务,安全护航是必不可少的,经验丰富的班组长都会这样认为:"有了安全不一定有了一切,但是没有安全就没有一切。"因此,班组长在生产活动中,一定要坚持安全第一,防止工伤和重大事故在本班组中发生,包括努力改进机械设备的安全性能,监督职工严格按照操作规程办事等。因为很多事故都是由于违规操作造成的,有能力有经验的班组长,都会重视生产安全规章制度的落实。

90%以上的生产事故发生在班组

企业要想圆满达到各项生产经营目标,必须依赖班组认真执行所下达的每一项指标和任务,落实各项生产安全规章制度。因此,班组就是企业一切工作的落脚点,是企业生产安全的基石和保障。

在不重视安全管理,不肯花费时间和精力开展安全管理活动的班组中,安全生产事故发生率往往更高。据资料统计,90％以上的事故发生在班组,而80％以上事故的直接原因是班组成员违章作业,或没有及时发现设备缺陷等隐患所造成的,这些都是班组长不重视安全管理的表现。

2006年6月16日15时09分,位于马鞍山市当涂县城关附近白纻山下的安徽省盾安化工集团有限公司粉状乳化车间发生爆炸,事故造成10人死亡,30人受伤。调查发现,原因是该工厂的很多工人没有经过相关培训就上岗了。

2008年8月26日6时45分,广维化工股份有限公司发生爆炸事故,爆炸引发的火灾导致车间内装有甲醇等易燃易爆物品的储罐发生爆炸。事故造成20人遇难,周围3公里范围内18个村和广维集团生活区的11 500名群众紧急疏散。

2010年7月28日10时左右,南京栖霞区一个废弃的塑料化工厂发生爆炸,事故造成了13人死亡和120人住院治疗。爆炸的原因是,有一条乙烯管道通过废弃的厂区,乙烯泄漏遇到明火发生爆炸。

2012年2月28日9时许,位于石家庄市赵县工业园区生物产业园内的河北克尔公司发生重大爆炸事故,造成25人死亡、4人失踪、46人受伤。国务院安委会对这起事故的查处实行挂牌督办。经初步调查分析,事故直接原因是河北克尔公司一车间的1号反应釜底部放料阀处导热油泄漏着火,造成釜内反应产物硝酸胍和未反应完的硝酸铵局部受热,急剧分解发生爆炸,继而引发存放在周边的硝酸胍和硝酸铵爆炸。

2015年8月12日,位于天津市滨海新区天津港的瑞海国际物流有限公司危险品仓库发生火灾爆炸事故,造成165人遇难、8人失踪,798人受伤。据调查,瑞海公司严重违反天津市城市总体规划和滨海新区控制性详细规划,无视安全生产主体责任,非法建设危险货物堆场,从2012年11月至2015年6月,多次变更资质经营和储存危险货物,安全管理极其混乱,致使大量安全隐患长期存在。

上述所举出的一组灾难数据,是近年来所发生的一系列重大安全事故,其造成的危害令人触目惊心。

上述所举的一组事故数据,不过是近年来所发生的重大安全事故的冰山一角。但即使如此,也已经让人触目惊心。

痛定思痛之后,我们发现,在所有重大、特大伤亡事故中,有90％以上的事故都发生在班组。可见,加强班组生产安全建设和安全管理,对员工的生命安全、身心健康、家庭幸福、社会安定,对于企业的生存和发展,都是非常重要的。

因此,重视班组的生产安全管理工作刻不容缓。作为班组长,如何做好安全管理工作呢? 首先要不折不扣地执行上级的安全要求,开展生产安全教育,从本企业的和企业外事故案例中,积极吸取教训,避免事故在本班组发生。

1.上传下达,积极宣传

企业、车间召开的生产安全会议、安全例会、事故通报会等,班组长要亲自参加,认真做好记录,并及时向班组成员进行传达;同时,还要结合本工种和本岗位的实际情况,对各个员工提出具体的安全生产要求。使安全信息能够及时地与班组成员进行沟通,有效地增强安全意识。

2.安全管理要照章办事

有些班组长在处理下属员工违章作业的过程中,常常会因为当事人是多年的同事,担心争吵、发生纠纷等,就手下留情,不按照规章制度去处理。但是,在处理员工违章作业时,作为班组长如果不按照规章制度处理当事人,就会给以后的安全生产留下事故隐患。

3.班组长违章同样要按章处罚

班组长如果在生产中违反安全规定,也要按照相关规定进行处罚;这样做,不但能使班组长本人从中受到教育,吸取教训,也能使班组成员从中得到教育和震撼,为班组以后开展安全管理工作,扫除障碍。

4.及时、认真地吸取事故教训

无论是本企业本车间,还是其他企业发生了事故,都要及时、认真地去总结,吸取教训。对发生在近处的事故,班组长可以带领班组成员到现场,用眼前的事故教训,对员工进行生动的安全教育,这样会收到很好的效果。

在班组的安全生产管理工作中,只要班组长在思想上重视生产安全,认真检查落实安全工作,遇事按照规章制度进行处理,是能够避免班组发生事故的。

班组长是安全生产管理的关键

在企业中,班组长是班组的"头头",车间各项具体工作,要通过班组长具体布置下去,并通过班组成员全体努力,在生产中予以实施。班组长既是完成企业生产任务的关键人物,也是班组安全生产的关键人物。班组安全工作的有效实施,对班组的安全生产工作起着决定作用。因此,班组长的责任十分重大。

有一家企业的某车间召开全体班组长会议,讨论安全月专题。会议强调了安全的重要性,要求班组长对违章操作的现象严加考核。同时,还要求班组长必须把会议的内容传达到每一位班组成员。

会后,车间进行现场安全检查:发现某班组的员工小朱在岗位上打瞌睡,某班组员工小刘没有按规定戴安全帽。按照会议的决议,车间决定对这两人进行口头警告,每人罚款 50 元,而小朱和小刘所在的班组的班组长各处罚 100 元。

在上述案例中,班组成员违章,而车间处罚所在班组的班组长是因为,班组长是班组的安全责任人。班组长作为班组的管理,在加强和提高自身素质的同时,还应当带领和督促员工遵守安全制度,让每个员工都能熟练掌握本岗位的安全要求,具有能够及时处理突发事故的能力。班组长只有重视加强安全管理,才能对班组的安全生产起着关键作用。在班组安全管理工作中,应从以下几方面入手。

1.带领班组成员熟悉安全技术知识

班组长既要有重视安全生产的意识和责任心,还要有一定的安全理论知识。因为班组长作为安全生产重要责任人,责任重大,既要对全体员工负责,还要保证班组所负责的设备安全运转,确保每天的生产正常进行。

同时,还要熟悉设备的运行情况,对各种事故隐患要有所察觉,并能及时采取对策和措施,加以消除,减少事故的发生,保证安全生产,提高企业的经济效益。不但在生产安全上具有一定的超前意识,还要学会运用自己的安全知识,摸索出事故的规律,举一反三,预防事故的发生。

2. 做到严于律己

"打铁须得自身硬",班组长要求班组成员做到的,自己要首先做到。此外,还要带头遵守各项规章制度,这样才能严格要求和教育本班组的员工。对班组内一些有违章操作、违反劳动纪律等不安全行为的员工,不回避矛盾,不顾忌情面,该批评和处理的,就要批评和处理。

3. 切实做好班组员工的思想工作

企业要发展,安全生产是重要保证,也是提高经济效益的前提。班组长要从思想上和实际操作中,防止设备事故和人身事故的发生。做好员工的思想工作,使员工认识到发生事故的严重性,明白违规作业不但危及自己的安全,而且还会伤及他人的道理。

同时,班组长要积极关心班组成员的思想、工作和生活;在安全工作上,认真听取员工的意见和建议,不断学习。

4. 加强现场管理

在开工现场,班组长必须认真对现场可能会发生事故的部位、场所、设备、工具或行为等,进行分析判断,并制订出可靠的安全控制措施,变被动防范为主动控制,以确保工作安全,避免事故的发生。

5. 加强安全培训

员工是班组生产设备的操作者和管理者,也是安全生产的主力军,因而他们的安全素质对安全生产有着重要的影响。可以说,员工安全业务素质的高低,是减少或杜绝事故、确保安全生产的关键。安全工作不是单靠班组长就能实现的,必须有全体班组成员的参与,才能落实安全措施。所以,班组长要定期对员工进行安全培训。加强员工安全意识和安全生产技能的培训,就是让员工懂得安全,并最终熟悉安全操作。

6.提高安全生产水平

班组长在抓安全工作时,要讲究方法。比如,可以利用早会的形式,与班组的员工交流安全知识和技术,向员工指出安全隐患和注意事项;并在生产过程中,及时指出员工的不安全操作行为,提高员工的安全观念和安全操作水平。

7.坚决杜绝习惯性违章

在生产中,造成不安全的因素很多,但最主要的是人的因素。因此,要抓好安全工作,必须把管理放到首位。在安全管理中,要明确每个员工的安全工作任务、工作要求和相关责任;既抓思想,又抓劳动纪律,加强员工的安全责任感,充分调动员工的积极性。

此外,对员工习惯性的违章行为,班组长必须重视并及时加以纠正;帮助违章员工找出思想根源,对症下药,做出防范,才能防止事故的发生。

除了上述几点以外,作为现代企业的班组长,在平时的安全管理工作中,还必须达到"三到位",即"意识到位""能力到位""责任到位"。

1.意识到位

班组长在安全工作安排和布置时,要意识到这是与每一位员工的安全、家庭幸福紧密相连的,时刻不忘增强安全生产意识,在实际工作中真正贯彻"安全第一"的方针。

2.能力到位

班组长首先要具备必要的安全理论知识,应熟悉安全规章制度,掌握本班组、本岗位的安全操作技能,能够解决本班组所存在的安全隐患,能针对本班组的不安全因素,适时采取有效的控制措施。

3.责任到位

班组长要增强责任心,把班组成员的安危和班组生产安全,当作头等大事来抓。在实际工作中,做到措施得力,责任到人,落实到位。

以上"三个到位",是对班组长的高要求、高标准。但只有做到高标准,才能提高班组长的安全素质,才能带领班组成员把班组的安全工作抓好,班组安全才有保障。

班组长的安全素质要求

作为企业基层班组的直接组织指挥者——班组长,是一线生产的带头人。因此,班组长素质高低,直接制约着班组安全生产目标管理的实现。

但是,从当前企业的班组工作情况上看,它们不同程度地存在这样一些弊端:有的班组长不了解自己对安全所应负的责任,或不善于组织班组员工进行安全培训,只顾自己干活,不抓班组的安全管理,往往导致事故频发;有的班组长只顾抓生产的产量,不顾班组成员的生命安全,忽视安全保护,更不用说防患于未然了。由于班组长的安全素质差,导致员工忽视对安全规章的遵守,甚至把安全当作儿戏。

小郭在一家机床厂当电工,2013 年 7 月某日,他在该厂的维修车间进行电气维修。而此时,维修车间的工人们都在车间会议室开会。半小时后,大家开完会,陆续返回车间。这时,车工王师傅来到自己使用的机床旁,准备开动机床,却发现没电,因为他不知道电工小郭已经切断电源,正在进行维修。于是,他来到电气开关柜前察看,发现开关柜门开着,而柜门上没有挂停电作业警示,误以为是谁拉下了电闸,于是,便不假思索地将电闸推上。电源接通后,正在维修的电工小郭当即触电,发出一声惨叫,倒地而死。

上述案例中,由于电工小郭没有按照安全操作规程进行维修,在停电维修时,没有在柜门上悬挂停电作业警示牌,以至于使王师傅误以为停电,拉上了电闸,致使小郭触电身亡。在此次事故中,王师傅也疏于检查,只是单凭主观臆测,就匆忙推上了电闸。

这起重大安全生产事故的教训是惨痛的,虽然是电工小郭与王师傅缺乏安全意识所致,但也反映出班组负责人安全意识薄弱,对安全生产管理抓得不力,安全管理措施不到位、隐患排查治理不到位和监督管理不到位,对现场管理的严重漏洞视而不见,没有把安全生产责任真正落实到每一位员工,致使员工们的安全素质普遍不高。从这个事故中,得出一个有益的启示,即作为基层的班组长,必须不断提高安全素质。班组长如何提高安全素质呢?

1. 做好带头人

作为一班之长,对班组成员要求做到的事,自己首先要做到,禁止班组成员做的事情,班组长自己首先不能做。此外,班组长还要不计个人得失,抢做"吃亏"的事,平时多做默默无闻的"奉献"之事,多做廉洁自律的"高尚"之事,带头遵守各项规章制度,这样才能严格要求和教育班组员工。对班组成员违章操作、违反劳动纪律等不安全行为,要敢于批评和处理,不照顾所谓的情面,以严立威。

2. 要有真才实学

作为一名班组的带头人,班组长首先要认真学习和掌握有关安全生产方针、政策、法律和规定。其次,对生产工艺流程和设备操作规程等知识,班组长也要带头认真学习,提高理论知识和操作技能。第三,班组长要熟练掌握本岗位生产安全的应急预案,遇事要不慌不惊、应对自如。第四,对安全隐患要有一定的洞察力,能够及时快速处理不安全的行为和隐患。第五,对安全工作要有压力感,这样才能把学习和实践当成一项任务、一种责任去认真做好。

3. 要善于待人

在班组安全管理中,班组长要善于做员工的思想工作,对员工在安全生产工作中做得好的,要及时给以肯定和鼓励,对存在的违章违纪行为的员工,要及时给以批评教育,对存在隐患的要进行客观分析,做到举一反三。对违章行为的员工,要给以严格考核,坚决抵制和纠正违章现象。

现今,随着企业的快速发展和工作的需要,很多年轻人走上了班组长的岗位,但他们缺乏系统的管理知识,安全管理经验也很缺乏。所以,必须经过系统的理论培训,来提高年轻人的管理水平,使他们的管理工作水平上升到较高的层次。

那么,如何挑选和培养优秀的班组长,使班组的工作顺利开展,确保安全管理目标的实现呢?

(1)所选用的班组长应具备以下条件:办事公道、作风正派、技术过硬,能带领工人完成本班组的各项生产安全任务;关心职工、善于协调人际关系。这样的班组长才能带领工人落实好各项措施,遵章操作,确保安全生产。

(2)平时要对班组长加强安全生产的教育,严格培训、严格考核,提高他们的安全管理素质。只有培养出素质较高的班组长,才能更好地带领全班落实安全生产的各项措施、制度,实现安全生产管理的最终目标。

班组长是企业班组的带头人、实干家,是安全管理的最基层的指挥者和执行者,班组长的素质,以及所抓的安全工作质量,直接影响着企业整体的安全工作状态。因此,企业高层管理者,都会注重对班组长的素质、能力的培养,而用心的班组长也会努力提高自己的安全素质。

班组长做好安全生产管理的实用方法

在一个企业里,一个班组的安全管理工作做得好,一定与班组长的素质高低有关,班组长的素质高低,又决定了他的领导方法的高下。一个领导方法有较高水平的班组长,首先需要有一定文化知识;不仅懂安全,而且与班组成员有良好的沟通,并具备相应的安全生产技术和应变能力。班组长的领导方法拥有较高水平,就会使自身的安全管理水平获得提升,而班组的安全管理,也会相应地得到提升,由此就能减少安全事故的发生。

提高班组长的领导水平可以下几个方面做起。

1. 善于调动员工的积极性

在安全工作上,如果只有班组长有积极性,而班组其他员工却缺乏积极性,那么,班组的安全工作就搞不好。所以,安全生产工作是群众性的工作,班组长要充分依靠群众,发动群众,调动群众的积极性,做到全面、全过程、全方位、全员的管理,发动班组成员,群策群力,主动去做班组的安全生产工作。班组长首先不妨尝试加强班组安全生产的宣传教育,因为只有使全体员工认识到安全生产的重要性,才会自觉地做好安全工作,事故才能得到防范。

2. "严"字当头,搞好班组安全管理

"严是爱,松是害,出了事故害几代"。只有"严"字当头,才能逐步树立起班组成员的安全意识,才有消除员工的违章现象,事故也才有可能被杜绝。当然,班组长做到"严格"二字,不等于向员工发火、吵架,而是要坚持原则,在制度面前人人平等,对于违规者要耐心说服,晓之以理,动之以情,不能压服。只要方法得当,多数员工是通情达理的,他们肯定会心服口服的。

3. 健全规章制度

在当前频发的事故中,大多数是由于违章指挥、违章作业、违反劳动纪律等原因所造成的。为了杜绝违章指挥、违章作业、违反劳动纪律的现象,防止事故的发生,仅仅有一般号召是不够的,而应健全班组的安全生产制度、安全规范制度;将控制人的行为和改善物、环境的本质安全,纳入程序化、规范化和标准化的科学管理轨道上来。当班组的安全制度建立起来以后,就必须严格执行,并与经济责任制挂钩。如果做好这项工作,班组安全管理工作必然会提高到一个新的水平。

4. 奖惩兑现

要员工养成遵守安全制度的习惯,奖励和处罚都是必不可少的。奖励是一种正面引导的方法,处罚则是告诫人们自觉地反对和制止不安全行为。在实施奖惩时,班组长要敢于坚持原则,该奖的就奖,该罚的就罚,不要只罚不奖,或者是只奖不罚。在实际操作时,应以表扬奖励为主,不要认为处罚的人越多越好。正确的做法是处罚面小,教育面大,抓住典型,罚一儆百。

5. 实行民主管理

班组的安全管理工作开展得好,与班组长发动员工主动积极参与是分不开的。班组成员行使当家作主的权利,就会对班组安全工作多出点子,多花精力。如将"班组安全生产目标""班组安全措施"等内容,交给员工讨论;与班组员工一起制订班组安全生产制度、让员工审议安全标准、员工安全评比考核等,都要让班组成员积极参与;只有充分发扬民主,听取员工的意见,才能调动全班员工安全生产工作的积极性。

6. 开展各种形式的安全竞赛

竞赛是班组成员之间开展比学赶帮的一种好形式,也是一种鼓励争先创优的有力措施。在班组安全管理工作上,如果运用到竞赛形式,就可以在班组内形成一个人人重视安全、个个关心安全的大好局面。因此,要根据班组的特点,开展各种形式的班组安全竞赛,如百日无事故竞赛,师徒安全对手赛,班组安全知识竞赛,等等。

7.搞好与员工的团结

在生产过程中,班组长要引导员工互相关心、互相帮助、关心他人,对性格内向或性格孤僻的员工,也应主动关心他、接近他、帮助他,以情感人,增强团结。只有班组员工团结了,人心凝聚了,才能避免事故发生。

8.要号召党团员起模范带头作用

班组长如果是党员,就要注意发挥班组党团员的作用;因为党团员是班组里的火车头。要求党团员在班组安全生产上也要起表率作用,在学习安全技术知识方面、遵守安全技术操作规程方面、搞好本岗位的安全文明生产方面、执行班组安全生产"互保"制方面、穿戴好个人劳动防护用品、用具方面等,都要起到带头作用,努力做到党团员身边无事故。

班组员工接触的工作环境中,或多或少都会存在着一些不安全因素,这就需要班组长具有识别不安全因素的慧眼。而班组长的慧眼,是由多方面的"特质"打造出来的,其中,高水平的领导方法,也是打造这种慧眼的利器之一。

班组长与员工进行安全生产沟通的技巧

班组长在开展安全管理工作时,要始终坚持"安全第一、预防为主、综合治理"的安全生产方针;随着安全管理工作的不断深入,如何进一步做好"事前预测、事中预防、事后总结"呢?首先应提高科学安全管理的理念,采取科学管理的安全监督管理模式,做好班组的生产安全工作。

安全不仅是企业的需要,也是每位员工及其家庭的需要,关系到员工的切身利益,班组长抓好安全工作,是在保护员工的安全,是在帮助员工,为员工服务。从这个意义上讲,员工与班组长之间的关系,应相处得很融洽。但在实际工作中,班组长与部分员工之间,往往还容易发生矛盾和冲突,导致关系紧张。因此,班组长应主动与员工进行沟通,取得员工的信任和拥护。

1. 掌握沟通的谈话方法和技巧

班组长在与员工的沟通中，要正确掌握谈话方法与技巧；并且从多次的沟通实践中进行总结，提高谈话水平，才能使安全沟通工作有所进展。对于不同的员工，要采取不同的谈话方法，如暴躁型的员工，他们往往听到某件事情或结果时，就会不假思索地暴跳如雷，但事后又会后悔。对这样的员工说话要力求委婉，不能太直接。在对暴躁型员工处罚时，可以先不说如何处罚，而是多沟通，使其先认错，然后再提到处罚。

2. 消除认识上的差异

员工对待安全的意识、态度，与班组长不统一，是造成矛盾的关键，主要表现为员工安全意识淡薄，加上缺乏安全知识，因而不能正确地认识事故隐患。因此，班组长通过沟通，消除与员工认识上的差异。

3. 没有找准沟通对象

班组长负责全盘工作，但因班组安全管理工作涉及的内容多，不能把全部精力都只花在交流上。因此，班组长需要有针对性的找准沟通对象。

4. 思想上缺乏沟通

员工对于生产安全，在思想上存在一定的误区；因此，班组长必须通过谈心，进行有效的沟通，来寻求共识，达到相互理解。通过与员工的日常交谈，班组长要想方设法提高员工的安全意识，丰富员工的安全知识，以获取员工更多的关心、理解和支持，做好安全工作。

5. 营造良好的谈话氛围

和谐的谈话氛围是使彼此顺利沟通的基本条件，班组长在与员工沟通的过程中，应注意营造良好的谈话氛围，必须做到以下几点。

（1）在各方面做表率。班组长要想自己说话有力度，使员工信服，自己就要处处做表率，没有违章违纪行为，思想作风过硬，才能在班组树立良好的形象，获得下属员工的尊重，谈话才有力度。

（2）建立和谐、融洽的关系。班组长在与员工进行谈话时，通过把握谈话技巧，来创造彼此沟通的融洽氛围，是成功进行沟通的一个方面。而在日常工作中，注意与员工建立良好平等、互爱互重的人际关系，也是创造良好谈话氛围的关键之一。

（3）做好沟通谈话准备。作为一名班组长，在与员工的谈话中，对于每一次谈话都必须高度重视，每一次都应对谈话目的、谈话需要达到的效果、怎么谈、在什么地方谈、谈话中有可能遇到的矛盾冲突、如何解决、谈话的最坏结果是什么等问题，进行一番周密的思考。最好还应对谈话对象的家庭、思想情况进行调查、研究，详细了解一些情况，尽量做到知己知彼，这样才能使沟通获得成功。

在谈话前，班组长自己的思想目标也应明确，要有积极的心态；是在为员工化解思想症结，做通思想工作，而不是使彼此之间的矛盾激化。此外，对每一次谈话，班组长都应考虑好最坏的结果，以便沉着应对。

（4）打破僵局，回避冲突。在对安全违章的员工进行处罚，或对安全隐患进行整改时，可能会与对方产生分歧，双方各持己见，谁都不愿意让步或妥协，因而形成了僵持的局面，甚至产生了对立的情绪。在这种情况下，班组长应沉着、冷静，表现出一种宽容和谅解的大将风度，不可以牙还牙，意气用事。否则，会扩大矛盾，加剧冲突，这种做法是不明智的。任何攻击、讽刺等损害对方自尊心的话语，都是错误的。

在沟通中，由于双方情绪激动，而使谈话陷入僵局，此时，可采取暂停谈话，或转移谈话话题，转向其他无关的话题。这样能够达到缓和气氛、消除对立情绪，取得其他方面的共识，形成缓冲。

班组长主动找员工谈话沟通，是希望做好安全工作，也是对员工生命安全、身心健康负责。惩罚只是一种手段，而不是目的，目的是要让广大员工真正从思想上、行动上高度重视安全、并积极主动地参与安全管理，真正杜绝违章现象的发生。

经典案例：班长应该是企业的"安全标兵"

老张是煤矿的一名采煤班长，自从担任班长以来，老张除了带领全班员工完成生产任务以外，还始终不忘肩负的安全职责。他经常把"安全不安全，班组长管理是关键"这句话挂在嘴上，并能够在平时的工作中，把安全生产的方针落到实处。老张认为，工人们每天在矿下挖煤，就等于把生命交给了班长。如果安全工作做不好，当班时出现人身、财产事故，煤挖得再多都等于零。在这个思想指导下，老张时时、处处心里都要想着安全。

从他当班长十几年来的工作实践中，他总结出了最容易引发事故的一些情况：3处薄弱时间、3处薄弱地点、5种薄弱思想情绪。

3处薄弱时间是指：交接班时、逢年过节时、农忙时。

由于工人们干了一天的活，又累又饿，到了快要交接班时，都想赶快上井回家吃饭、休息，便抓紧时间干活，活儿干得马虎起来，因而忽视了工程质量。

到了节日期间，工人们精力分散，休息不好，思想麻痹，过完节日上班后，工人们还没有收心，此时，在井下干活很容易出事。

由于班里农民工较多，每年到农忙时节，班里的农民工就纷纷请假回家帮忙。农忙结束后，便拖着疲劳的身体来到井下。

3处薄弱地点是：井下工作面的断层处、上下接头处、采煤悬顶处。这3处地点的工作条件都不太好，是事故多发点。工人们在这些地方工作，如果不加以注意，是很容易发生事故的。

有一次，老张的班组在工作面的断层处干活。该工作面上有几条老峒子，顶板已经破碎。上夜班时，老张忽然听到顶板发出"咔、咔"的响声，便意识到可能是周期来压，如果不及时探明情况，加强顶板的支护，就有发生冒顶的危险。于是，老张马上下令停止生产，把工人们全都撤到安全地带，而自己却留在工作面上。他一边对顶板变化情况进行观察,一边及时采取措施,加强顶板支护。最终,一场重大事故隐患被他排除了,使全班十几名工人的生命得到了保护。

5种薄弱思想情绪是:

1.因夫妻闹矛盾,容易使当事者产生精力分散的情绪;

2.工人家庭遇到困难,容易产生畏难发愁的思想情绪;

3.身体有病,容易产生萎靡不振的思想情绪;

4.工人年龄偏大,容易产生不求进取的思想情绪;

5.加班加点,工人容易产生图省劲的思想情绪。

工人们产生上述薄弱思想情绪,如果不积极进行疏导,引发的后果是很严重的。因为带着思想情绪上班的工人,在工作时,注意力就会不集中,很容易出现违章行为,从而引发事故。心病必须要用心药治,要管安全就必须先管人,要想管人必须先管心。

有一次,工人小李在井下上班时睡觉,被老张发现后,对其进行开一番批评教育,并按照规章制度对其进行了罚款。小李觉得老张小题大做,有点想不通,后来,干脆休病假不上班了。

老张便主动利用班后业余时间,到小李家去做思想工作。语重心长地说:"井下睡觉容易发生事故,如果你违章成习惯,发生了事故,你的父母、妻子靠谁照顾,幼小的孩子靠谁抚养呢?"小李的父母听了,很受感动,也主动做小李的思想工作,说:"张班长对你管得严,是对咱和咱家好,可不是对你不顺眼呀。"小李终于想通了,放下了思想包袱,愉快地上了班。从此,他再也没有出现过违章违纪的现象,还被大家推选为矿上的安全生产标兵。

因为班组的安全工作做得十分出色,老张先后被矿上授予"安全标兵""优秀班长"等荣誉称号,而他所在的班组,由于做到了全年零事故,成了安全管理的典范。

管理经验：如何提高全员安全意识

班组是企业安全生产管理的前沿阵地，作为班组长，应该以踏实的态度，立足于人员、设备、现场，不断强化专业管理和技术管理，全面提高全员安全管理意识，不能有任何虚假和敷衍的成分。具体而言，班组长应该如何提高全员安全意识呢？如何才能切实落实责任，实现企业的安全生产呢？

一、强化责任意识

责任，是一名优秀企业员工的第一行为准则，也是能否提高安全意识的重要因素。员工假如只是本着"差不多就行""只要能过得去"的想法，认为企业安全工作只要做到没有安全事故就行，甚至只要自己不出安全事故就不是什么大事的态度，"事不关己，高高挂起"，那么，安全意识就只会原地踏步，不会有任何实质性的提高。安全意识的落后，必然会导致安全管理等各项工作的滞后和不到位，因此安全事件、事故就会时不时地发生，导致无法做到安全局面的可控、在控。对此，班组长必须采取有效措施，加强基础管理工作，建立健全严密规范的安全制度，强化安全责任制的落实，形成有效的安全保障机制，让安全意识在责任意识的促使下，得到落实与提高。

二、树立差距意识

随着商业文明的不断发展，社会对企业的要求越来越高，行业与行业之间的竞争也越来越激烈，逆水行舟，不进则退，这就要求企业及其员工要能与标准要求对比，与同类企业对比，常对比、定期对比，找到差距，制订措施。如此，才能做到有的放矢。在工作实践中，一些员工很易被惯性思维所拘束，总认为凭经验在安全方面已经做到位了，就不愿去想是否真正达到标准要求。安全事故往往就发生在这些思维僵化的员工身上，他们根本没有认识到，故步自封本身就是一个重大的安全隐患。

三、突出行动意识

说得再漂亮、想得再周全、写得再精彩，都是虚的，要把脑中想的、嘴上说的、纸上写的贯彻落实下去，才能达到实效，这其中的关键就是要有行动意识。班组长要做到职责明确、分工到位,从自我负责做起,加强相互协调,达到逐级负责的目的;认真、细致地对待每一项具体工作,持之以恒地对待管理类的工作,不畏难题地开展工作,这样坚持不懈下去才有可能形成安全生产的长效机制;针对已发生的事故、所存在的安全隐患,要深入分析,举一反三,从专业方面找原因,从管理上找原因;在遇到安全方面的难题时,该采取行动措施时绝不能拖泥带水、犹豫不决,以免失去最佳的处理和解决机会,从而使小问题拖成大问题,简单问题变成复杂问题,最终演变成安全事故。

第 二 章

安全规范落实到位——班组安全生产的组织管理

几种常见的安全标志及其具体内容

① 警告标志

- 当心火灾、触电、电离辐射、弧光、激光、微波、注意安全
- 当心爆炸、中毒、腐蚀、裂变物质、瓦斯、坑洞、落物
- 当心塌方、冒顶、机械伤人、坠落、伤手、车辆、扎脚、滑跌

② 禁止标志

- 禁放易燃物、禁止吸烟、禁止烟火、禁止用水灭火、禁带火种
- 禁止通行、禁止跨越、禁止乘车、禁止攀登等
- 修理时禁止转动、运转时禁止加油

③ 命令标志

- 必须戴安全帽、必须系安全带、必须穿防护服
- 必须穿防护鞋、必须戴防护耳器、必须戴防护手套
- 必须戴防护眼镜、必须戴防毒面具

④ 提示标志

- 安全通道、太平门
- 消防警铃、火警电话
- 地下（上）消火栓、消防水带、灭火器、消防水泵结合器

⑤ 补充标志

- 横写补充标志：写在标志的下方，可以和标志连在一起，也可以分开。用于禁止标志的用红底白字，用于警告标志的用白底黑字，用带指令标志的用蓝底白字
- 竖写补充标志：写在标志杆上部，使用白底黑字

第一节 班组长的安全生产管理职责和工作内容

班组（岗位）责任制

企业是生产单位，在安全方面，稍不注意，就容易发生爆炸、火灾、机械伤害、有害气体中毒等事故。只有强化各项安全制度的落实，并采取强有力的监督和预防措施，才能最大限度地避免各类事故的发生。

从历年企业所发生的重大事故来看，大多是班组对建立安全责任制的落实不够，或在制度的执行上不坚决，形成有章不循的现象；部分员工有令不行，有禁不止；少数班组长只顾埋头抓生产，对安全抓得不严，最终酿成重大恶性事故，造成无法挽回的后果。

因此，在企业安全管理中，首先要制订出符合企业生产实际的安全责任制，班组成员要严格按照责任制的要求，明确各自的责任，班组长和员工都承担安全工作的责任，才能有效地预防事故。

2009年6月29日2时40分，某铁路集团公司境内的K9017次列车在××站第五道计划停车时，发生制动失效，导致挤坏118号道岔，并以每小时55千米的速度，与第三道正在开出的K9063次列车发生侧向冲撞，致使K9063次机车和第1、2节车厢脱轨，K9017次列车机车和1到15节车厢脱轨。这次火车相撞事故共造成死亡3人，受伤63人，其中重伤6人。

经调查，该起事故的原因为：该车在南京浦镇车辆有限公司生产时，客车车间三工区六工位员工冯某装第二位车辆制动软管时，违反操作规定,在没有确认折角塞门防尘堵是否全部取出的情况下,就安装了制动软管,致使防尘堵底盖遗留在折角塞门内,该防尘堵底盖在制动风管内呈游离状态。司机在进站前进行减速制动时,制动管风压将防尘堵底盖吸附在软管接头端部,造成制动主管风道堵塞,列车第二至十八位车辆制动力突然丧失,导致事故发生。

客车车间员工冯某违反操作规定,致使两列旅客列车正面相撞的特大事故,让乘客的生命财产遭受巨大损失。

在上述案例中,冯某的心目中显然没有岗位职责。由此看来,岗位职责不仅仅悬挂在墙上,最重要的是要时刻悬挂在心中,体现在日常的安全工作中。

班组安全责任制范例如下。

(1)班组要定期组织员工开展各种安全活动,每次活动须作安全活动记录,提出改进安全工作意见和建议。

(2)班组长在每天的班前会上,要有关于安全的专题讲话,在班后会上要进行安全总结。

(3)班组成员要严格执行安全生产的各项规章制度,对违章作业要坚决制止,并及时报告。

(4)组织专人检查监督本班组、岗位人员正确使用和管理好劳动保护用品,以及各种防护用具及灭火器材。

(5)班组开工现场一旦发生故意事故时,应及时了解情况,维护好现场,救护伤员,并向上级报告。

(6)对新工人进行班组、岗位安全教育,组织岗位技术练兵和开展事故救援预案演练。

(7)班组安全员接受车间安全员的业务指导,负责本班组的安全工作。

班组制订的安全岗位责任制,不是做做样子,而是让班组成员遵照执行。当然,在现实中,不可能完全做到令行禁止,个别员工违章的事例,也会时有发生。对于违章者,班组要坚持教育和处罚同时实施的原则,既坚持岗位责任制度的严肃性,又要保证对员工教育的深入性。班组可以根据违章的性质、可能导致的后果及产生的影响,对违章者认真严肃处理。在处罚的过程中,要坚持公正严肃,避免在违章者的心理产生不良反应。

班组长的安全职责

班组实现安全生产零事故,严格的安全管理是必不可少的。在安全管理工作中,要认真制订周详的安全责任制,并使安全责任落实到人,员工都能做到无违章,岗位无安全隐患,班组就能实现安全零事故。

班组长在整个企业的管理层级中,起着桥梁和纽带的作用;同时,作为班组的安全生产主要负责人,在安全管理中也起着承上启下的重要作用,其重要作用是不可替代的。所以,班组长要时刻牢记肩负的安全责任。

在各项材料都准备齐全后,班组的几名员工在李班长的带领下,开始了离合器总成的更换工作。在这个过程中,现场的几人始终保持呼唤应答。一会儿更换安装工作顺利完成,大家都很欣慰。

当大家都返回车厢内部,并等待发动车辆进行试车时,李班长的脑海里突然想起在检修作业中要始终坚持呼唤应答制度,于是,他大声喊道:"所有人员都在车厢里么? 车底还有人没有?"

这时,从车底下传出一个声音:"有,还有我!"

听到这个声音,李班长的脊背冒出了冷汗:"是谁? 赶紧上来,其他人不要发动车辆!"

"是我,等等,我这就出来"。话音刚落,检修工小张从车底钻出来。

此时,李班长吁出一口气,暗自庆幸刚才严格执行了呼唤应答制度,坚持了彼此之间的相互呼唤。否则,一旦贸然去发动车辆试车,小张肯定存在危险。

在上述案例中,可以看出,班组长在带领员工作业时,坚持执行安全制度是何等重要,一旦疏忽,就要付出血的代价。

安全意识强的班组长,都是遵守和执行制度的模范。当然,他们对自己所要遵守和执行的安全制度也是了如指掌的。

班组长安全职责范例如下。

1. 应负的安全责任

班组长是班组安全生产的带头人,也是第一责任人,应贯彻执行企业和车间对安全生产的指令和要求,对本班组的安全生产负责,兼任本班组安全员。

2. 班组的安全管理

(1)负责班组建设,提高班组管理水平,保持生产现场整齐、清洁。

(2)落实交接班制度,对各项变更清楚明白。明确本班组内人员分工、各设施负责人到岗。

(3)建立和健全安全资料,并认真填写。

3. 安全制度的落实

组织班组成员参加班组安全日及其他形式的安全活动,召开班前或班后会,做到班前讲安全,班中检查安全,班后总结安全。

4. 安全制度的遵守

严格执行安全生产的各项规章制度,制止违章行为。

5. 对员工的安全教育

(1)组织班组成员学习安全生产规程、规章制度,开展岗位练兵活动。

(2)负责对新员工进行现场安全教育,并使其熟悉施工现场工作环境。

6. 治理安全隐患

(1)经常检查开工场地的安全情况,发现问题应及时处理解决或上报,检查机械设备等是否处于良好状况,对本班组存在的安全隐患,应及时汇报,及时整改,落实隐患治理防范措施。

(2)消除一切可能引起事故的隐患,采取有效安全防范措施。

7. 定期进行安全检查

(1)定期组织检查员工执行规章制度情况,一旦发现违章现象,应及时制止。教育班组职工坚守岗位,做好交接班和自检工作。

(2)检查监督班组员工正确使用劳保用品,检查保养消防、救生、逃生设施,确保灵活好用。

(3)做好直接工作环节及其他工作的安全检查监督和监护,落实各项安全防范措施。

(4)发生重大事故或重大未遂事故,应保护好现场,并及时上报;同时,还要组织班组员工认真分析,吸取教训,提出防范措施。

8.开好班前、班后的安全会议

坚持班前讲安全、班中检查安全、班后总结安全。

操作人员安全职责

在企业里,班组的安全生产不可小觑,它是一项较为复杂的系统工程,需要全体班组成员积极参与,综合治理,常抓不懈。因此,必须对班组成员制订安全职责。在安全生产中,坚持有章可循,只要班组成员都能够坚持遵守安全制度,把安全放在第一位,真正把安全装在心中,忠于职守,牢固树立安全生产思想,从细节做起,从一点一滴做起,就没有克服不了的困难,就能把好班组的安全生产关。

唯有全体班组成员一起努力,班组安全生产这个环节才不会出差错,企业才能去争取更好的成绩,获得更大的发展。

2013年5月,某市一家建筑公司在对作业点进行爆破时,发生了误爆,造成炸死炸伤4人的重大事故。按照相关规定,在确定爆破时,附近人员必须撤离500米以外的警戒区,以升红旗为点炮,以降旗为撤除警戒。当炮响过后5分钟,爆破工和爆破指挥者都误认为3个爆炸点已同时爆炸,便进入爆破现场观察爆破效果。但他们对3个药包是否全部爆炸没有做详细的检查,单凭主观臆测就撤除了警戒。在远处观看爆炸的人,见他们已进入现场,也都跟着陆续涌入现场,突然又响起了第2炮,瞬间便造成现场人员4人伤亡。

上述案例中,爆破人员明显违反国务院颁发的关于《建筑安装工程安全技术规程》中规定放炮后要经过20分钟后,才可以进入现场检查。爆破放炮仅响了5分钟,警戒红旗还没降下来,爆破人员就违章进入了现场。爆破人员和指挥人员对现场3个药包能否同时爆炸,均作了错误的判断,导致产生"炮声一响就万事大吉"的麻痹思想,使安全措施处于"零"准备的状态,实属盲目瞎干。

在现实中,有的人认为许多规章制度是纸上谈兵,执行起来比较困难;有的人认为对有些工作不需要设定那么高的要求;有的人认为规章制度太多,执行起来太麻烦。总而言之,这些员工对安全生产管理制度的执行不够重视,没有养成心中有安全的习惯。

操作人员安全职责范例如下。

(1)服从班组长的领导,认真学习和严格遵守各项生产安全规章制度、不违章作业,并劝阻制止他人违章作业。对本岗位的安全生产负直接责任。

(2)精心操作,做好各项记录,交接班必须交接安全生产情况,交班要为接班创造安全生产的良好条件。发现事故隐患或不安全因素时,要立即报告。

(3)正确分析、判断和处理各种事故苗头,把事故消灭在萌芽状态。发现事故,要果断正确处理,并及时如实地向上级报告,严格保护现场,做好详细记录。

(4)作业前要认真做好安全检查工作,发现异常情况,要及时处理和报告。

(5)加强设备维护,保持工作现场整洁,搞好文明生产。

(6)上岗必须按规定着装,妥善保管,正确使用各种防护用品和消防器材。

(7)积极参加班组的各种安全活动,自觉接受安全检查。

(8)自觉参加各类安全生产教育和培训,掌握本职工作所需要的安全生产知识,提高安全生产效能,增强事故预防和处理能力。

(9)上岗时,必须按照规定着装,正确佩戴和使用、保管劳动防护用品;认真做好个人的劳动保护及设备的安全检查工作,发现异常情况及时上报告处理。

(10)有权拒绝不符合安全要求或违章作业的指令。

(11)正确使用和佩戴各种防护用品,正确使用各类消防器材。

班组员工的素质是安全生产的重要保证,要提高员工素质,培养良好的作业行为,必须坚持不懈地做好培训工作,在培训工作上要有持续性和严肃性。

班组安全生产检查的目的

开展班组安全生产检查,就是根据上级有关安全生产的方针、政策、法令、指示、决议、通知和各种标准，运用系统工程的原理和方法，对生产活动中存在的物的不安全状态，要及时识别、并及时制止班组员工的不安全行为，检查出生产过程中所潜在的职业危害。

检查是手段，整改是目的。因此，在检查中要做到三个百分之一百："百分之百登记，百分之百上报，百分之百整改"，从而控制各种危险因素，防止伤亡事故和职业病发生。

2013年7月某日，浙江某地的施工工地上，发生了起重机械伤人的一起重大事故，造成一人重伤。

当时，塔吊安装单位作业人员郑师傅正在进行塔机顶升作业，当进行第3节标准节的第一步顶升时，液压系统顶升油缸将塔机外套架及上部顶起高度约1米左右时，标准节的踏步板突然出现了撕裂，使塔机外套及上部结构下坠，平衡臂在巨大冲击力作用下失稳折弯，从而砸向塔身，把作业人员郑师傅砸中，造成重伤。

事故发生后，施工单位及时拨打救助电话，将伤者送往医院救治，这才挽救了郑师傅的宝贵生命。

在上述案例中，发生事故的主要原因在于作业员郑师傅忽视安全职责，在作业之前，没有对塔吊的安全性能进行必要的检查，致使机器带"病"施工。这个案例也反映出带班的班长没有尽到安全职责，没有对员工进行安全教育，也没有及时检查机器的性能，反映出他们内心漠视安全作业制度，以至于带来了不可挽回的损失。

如果这个班组能够定期对可能存在的隐患部位，进行安全检查，就不会发生后来的事故。可见，经常或定期进行安全检查是不可少的。

班组安全检查的内容范例如下。

(1)检查本班组员工的安全责任心是否强，是否树立"安全第一"的思想；重点检查班组员工是否掌握安全操作技能，以及自觉遵守安全技术操作规程、遵守各种安全生产制度；对于不安全的行为，是否敢于进行制止和纠正。

(2)检查本班组员工是否具有正确的安全生产工作的认识，是否贯彻了党和国家有关安全生产方针政策和法规制度,是否执行了班组安全生产责任制。

(3)检查员工的不安全行为和不安全的操作。

①检查班组员工有无忽视安全技术操作规程的现象,对于操作无依据、没有安全指令冒险进入危险场所开工生产,必须立即纠正。此外,对运转中的机械装置进行注油、检查、修理、焊接和清扫等。

②检查有无违反劳动纪律的现象,对于在工作时间睡岗、脱岗、串岗、开玩笑、打闹、精神不集中等,应予以批评纠正;对于滥用机械设备或车辆等现象要予以处罚。

③检查日常生产中有无误操作,或误处理的现象。如在运输、起重、修理等作业时信号不清、警报不鸣;对重物、高温、高压、易燃、易爆物品等作了错误处理;使用了有缺陷的工具、器具、起重设备、车辆等。

④检查个人劳动防护用品的穿戴情况,和正确使用情况。如进入工作现场时,是否正确穿戴防护服、帽、鞋、面具、眼镜、手套、口罩、安全带等;电工、电焊工等电气操作者,是否穿戴超期绝缘防护用品、使用超期防毒面具等。

(4)检查生产现场是否存在"物"的不安全状态。

①检查开工现场的设备安全防护装置是否良好,防护栏、指示报警装置、保险装置、防护罩、联锁装置等是否齐全、是否灵敏有效。

②检查开工现场的设施、设备和工具、附件等是否有缺陷,有效安全间距是否合乎要求。此外,现场的电气线路是否老化、破损;机械强度、超重吊具与绳索,是否符合安全规范要求;还要检查设备是否带"病"运转,或超负荷运转。

③检查易燃易爆物品和剧毒物品的贮存、运输、发放和使用情况,是否严格执行了制度,通风、照明、防火等,是否符合安全要求。

④检查开工现场有哪些不安全因素,有无安全出口,登高扶梯、平台是否符合安全标准。此外,工具的摆放、产品的堆放、设备的安全距离、操作者安全活动范围、电气线路的走向和距离等,是否符合安全要求,危险区域是否有护栏和明显标志等,也必须认真加以检查。

　　班组的安全生产检查不仅要查出问题,消除隐患,而且还要发现员工安全生产的好典型,并在一定的范围内进行宣传、推广。在班组内掀起学习安全生产经验的热潮,进一步推动安全生产工作。

班组巡视检查记录的内容

　　班组生产安全检查是执行企业安全生产方针的一种基本形式,是发现本班组生产中安全隐患的一种重要和行之有效的办法。为了保证安全生产,任何企业的班组,都应该进行有效的安全生产检查。

　　2011年8月,一家化工厂的车间办公室突然起火,火势迅速向车间蔓延,导致堆满易燃的化工原料燃烧起来。有4名工人死于这次事故,车间和设备报废,全厂中断生产2天,造成直接经济损失约800万元。

　　经过事故调查后发现,原来这个车间办公室的取暖器经常发生故障,但一直没有修理,车间安全员也对此做了安全检查记录。事故发生的前一天夜里,车间统计员张某值夜班,因为没有查看安全检查记录,便擅自开启有问题的电用取暖器。次日早晨,张某下班后没有及时将这台有问题的取暖器关闭,导致取暖器使用时间过长,产生电火花,引燃了室内的易燃物。结果,骤起的火势冲出窗口,向附近的车间蔓延。

　　在上述案例中,造成工厂重大火灾事故的车间统计员小张,没有在接班时按照相关规定查看安全记录,就擅自开启了有问题的电用取暖器,下班时又没有及时关闭取暖器,导致事故发生。可见,经常巡视有安全隐患的部位,并按时查看安全检查记录,是十分必要的。否则,非但安全检查记录如同一张废纸,更重要的是,会使安全隐患最终演变成一场重大事故。

　　上述案例中的小张,如果能够自觉遵守安全规章制度,接班后及时查看安全检查记录,然后设法把取暖器修理好,再使用它,就不会有后来的事故发生。然而,他却忽视了这一切。除此之外,车间安全检查员也没有及时巡查,使不安全因素始终处于无监督、无控制的状态。

　　可见,只有经常对工作和生活场所进行安全检查,并做好安全检查记录,才能及时发现隐患,消除隐患,保证生产和人身安全。

在检查过程中，对检查出的隐患必须进行记录，以备随时查阅。巡视检查记录内容如下。

1.员工对安全操作规程的执行情况

尤其是特种作业人员和高危作业场所的员工、管理人员等岗位的操作规程执行情况，要严格进行检查，同时要记录登记。此外，班组对员工是否按要求佩戴劳动保护用品，是否存在"三违"现象等情况等，在检查时，也必须进行记录登记。

2.作业现场与危险设备的安全运行情况

（1）对作业现场管道、作业工具的使用规范及摆放、管理等情况进行记录登记。

（2）对危险设备或危险作业场所管理人员或操作人员，是否安全执行的情况进行记录登记。

3.设备、设施运行状况的记录登记

开工现场的各类设施、设备，如机器设备、供电设备及线路、特种设备、压力容器、压力管道、建筑工程设施等的安全状况，进行记录登记。

4.对安全设施、设备、装置运行状况的记录登记

开工现场的各类安全防护设施、设备、装置，如警示标志、设施、劳动保护用品等的完好状况，应逐一予以记录登记。

5.对危化品的储存分类、使用操作等安全状况进行定期检查，并记录登记。

第二节　班组现场安全管理

按照安全操作规程进行作业

安全操作规程是全体管理人员和员工必须遵守的规则，是前人经验的积累，也是用汗水和血的教训凝聚的。不同的企业有着不同的操作规程，它通常是由上级主管部门与基层班组长共同探讨和研究，以班组和具体工

种为基础,以安全生产为原则,制订了符合生产安全实际的安全操作规程。

操作规程应该具有很强的权威性和约束力。班组长应该带头遵守操作规程,并且要带领和督促员工按照安全操作规程进行作业,否则,就可能造成事故。

2004 年某日,一家紧固件厂的员工杨某和秦某,上岗操作带钢打卷机。一会,杨某中途离开去拉煤,返回时,见员工谭某被打卷机的传动轴卷了进去。而此时在南端操作的秦某却没有看见,但听到有人说出事了,他立即去拉断总闸;这时,谭某的衣服已经被传动轴缠住,但仍有呼吸,身上也没有出多少血;不过,脸色苍白,喘气较大。秦某马上出去拿一把刀,把谭某被传动轴缠住的衣服割断。谭某被送到医院抢救,但终因抢救无效死亡。

事故发生后,调查组人员对事故发生现场进行勘查,发现打卷机的传动部分没有防护装置;此外,岗位没有制定安全技术操作规程,职工在操作设备时无章可循。谭某在操作时,没有扣好工作服的扣子,衣角因此被传动轴卷住,是造成事故的直接原因。

在上述案例中,这家企业的生产现场没有在传动设备上安装防护装置,员工在操作设备时,也没有按照安全操作规程穿好工作服,甚至连工作服的纽扣也没有扣上。基层班组管理人员对开工现场安全管理不力,安全防范和督查措施没有落实,导致这起事故的发生。岗位安全操作规程的内容应是详细清晰的。试以电焊工等工种岗位安全操作规程为例进行分析。

1. 电焊工安全操作规程

(1)经过专业安全技术培训,考试合格,持《特种作业操作证》的作业人员,方准上岗独立操作,非合格的电焊工,严禁上岗进行电焊作业。

(2)上岗前应穿好电焊工工作服、绝缘鞋和电焊手套、防护面罩等安全防护用品。

(3)电焊作业现场周围 10 m 内不得堆放易燃易爆物品,不得在易燃易爆的物品和设备附近进行作业。

(4)中途离开或工作结束后,要切断电源,做到工完场净,要检查现场的火星、火渣等,并挂警示牌。

2.气焊、氧割安全操作规程

(1)员工经过专业安全技术培训,经考试合格,获得《特种作业操作证》后,方准上岗独立操作,非合格的焊工严禁进行焊工作业。

(2)点燃焊、割炬时,在作业时,应先开启乙炔阀点火,然后开氧气阀调整火焰;关闭时,应先关闭乙炔阀,再关氧气阀。

(3)在作业过程中,如果发现皮管漏气时,应立即停止作业,进行处理。

(4)在作业过程中,如果氧气管着火,应立即关闭氧气阀门,不得折住胶管断气;如果乙炔管着火,应先关熄炬火,关乙炔,也可采取折住前面一段软管的办法,来止火。

(5)在高处作业时,氧气瓶、乙炔瓶不得放在作业区域的下方,应与作业点正下方保持 10 m 以上的距离;此外,要把作业区域下方的易燃物品全部清除掉。

(6)氧气瓶摆放处应与高温、明火地点保持 10 m 以上的距离,与乙炔瓶的距离不少于 5 m;不得摆放在烈日下曝晒。

(7)检查瓶口是否漏气,应用肥皂水涂在瓶口上观察,不得利用明火测试。

(8)摆放乙炔瓶的地方与明火的距离,不得小于 15 m,并通风良好,避免阳光暴晒,严禁与氧气瓶、氯气瓶及其他易燃、易爆物摆放在一起。

(9)乙炔瓶内气体严禁用尽,必须留有不低于 0.05 MPa 的剩余压力。

3.吊车安全操作规程

(1)经过专业培训考试合格后,作业人员方可执证上岗。

(2)作业前应对吊车的主要部件及各个装置,进行认真、仔细地检查,确认安全后,方可进行操作。

(3)起吊前,必须发出鸣报;在起吊过程中,吊物下方严禁站人或行人通过;如果作业中突然断电,应把所有控制器扳至零位。

（4）操作员严禁同时操作两个按键，不准将吊物停挂在空中。

（5）操作员坚持做到"6个不准吊"原则，具体标准如下。

①发现指挥信号不明或地面乱指挥不吊。

②物体重量不明或超负荷不吊。

③斜拉物体不吊。

④重物上站人不吊。

⑤工件埋在地下或捆绑、吊挂不牢不吊。

⑥钢铁水包过满不吊。

不要把安全活动当形式

班组管理工作实践证明，开展班组安全活动，是保证安全生产的行之有效的方法之一，是夯实班组安全基础的有力保障。班组安全活动不能三天打鱼，两天晒网，因为只有经常开展多种形式的安全活动，才能使班组成员真正从思想上重视安全，在行动上全力以赴。

在现实中，有些企业的班组，对开展安全活动认识不足，觉得安全活动老一套没意思；或为应付检查，编造安全活动记录；或不能定期开展活动；或安全活动的内容贫乏单调，缺乏针对性。有些班组为了省事，将安全活动与其他活动安排在一起，内容无重点，使安全活动流于形式。

出现上述问题，都是由于班组对安全缺乏足够的重视。久而久之，大家的头脑里少了一根安全的弦，因而在作业时，不按照安全操作规程去做，以致事故频发。

2000年某日，吉林油田分公司某采油厂把抽油机减速箱由井场运回，钳工在卸掉减速箱前后8个合箱螺栓后，由于左右两侧的合箱螺栓不好卸，焊工便在两侧合箱螺栓下部的螺母上，焊上钢筋固定螺母，以此来方便卸拆螺栓。卸拆掉22个合箱螺栓后，还剩下6个合箱螺栓，继续焊钢筋。当焊接最后一个螺栓时，他发现有大皮带轮和曲柄遮挡，不易操作，于是，这名焊工便仰卧在地面，将头部伸到曲柄下面，紧贴在曲柄与地面形成的夹角处进行焊接。不料，曲柄竟突然下落，压在焊工头部左侧；现场人员见此情况，立即将他救出，然后送医院抢救，终因抢救无效死亡。

在上述案例中,地面队队长、技术员、班组长安全意识淡薄,在安排工作时,没有向当班的焊工交代工艺过程和安全注意事项。由于现场人员安全意识缺乏,没有谁去认真察看施工现场,也无法发现曲柄悬空这一安全隐患。既然没有发现这一隐患。采取相应的安全措施更是天方夜谭了,而焊工也缺乏基本的安全知识,在危险条件下作业,却没有自我防护意识。

从这个事故中,可以得到这样的启示,如果出现群体安全意识淡薄,那么,大家就会认为天下太平,不可能去耗费精力开展安全活动。要想做到主动、自觉开展多种形式的安全活动,首先就要有强烈的安全意识和安全危机感;否则,就像上述的事例中,把安全活动当成负担,仅仅为了应付检查。班组定期开展安全活动,绝不是一种负担,而是保证安全所必不可少的。

1.让每个小组每月轮流负责一次安全活动

在每一个月底,班组长就要安排好下个月各周安全活动的主持小组,并列于工作计划表中,各小组将安全活动的主题上报班长审核。同时每月对各小组的安全活动进行一次评比、考核和奖励。

2.上级领导参与班组安全活动

上级领导参与班组安全活动,可以起到督促作用,上级领导也可以借此机会了解班组的安全情况,并及时对班组安全工作提出要求,形成从上到下抓安全的氛围。

3.班组安全活动要有针对性

班组在开展安全活动之前,必须有计划、有重点,要创造条件,让每个成员都能参与讨论、分析,要结合自身实际,真正把自己融入活动中去。通过安全活动,强化了班组成员的安全意识,提高了安全作业技能,也使班组的安全管理水平得到较快的提升。

4.采用"请进来,走出去"的办法开展活动

可以组织本班组成员参加其他班组的安全活动,相互交流经验,从中得到启发和教育;也可以请其他班组人员参加本班组的安全活动,帮助排查和分析本班组的安全情况。

5.在现场开展班组安全活动

在生产场所开展班组安全活动,更显得生动活泼。在生产现场,通过

实地观察生产过程中存在的危险源、人员可能出现的习惯性违章行为、现场故障处理过程等现象,大家在一起进行分析,认真辨识,从而加以防范。这样班组成员不仅从思想上加强了安全意识,还提高了员工的技术素质,有效防止事故的发生,使安全活动收到实效。

6.实行班组人员轮流主持

班组开展安全活动,可以一改往常由班长主持的模式,由班组员工轮流主持安全活动。每个成员将会在主持安全活动以前,活跃思维,准备活动内容;这样,可以集思广益,形式丰富多彩。

7.采取多种形式,开展班组安全日活动

在班组安全日活动中,可以根据班组成员的年龄层次特点,采用演讲、征文、晚会等多种形式,将安全知识贯穿到其中。

只要班组长多动脑筋,班组人员积极参与,采取多种方式方法,开展安全日活动,就会使安全活动开展得扎实有效。

做好安全防护工作

对于班组的安全生产工作,班组长一般都不会掉以轻心,因为在很多岗位上,不出事故便罢,一出事故,必然是机毁人亡的大事。所以,很多班组长"谈事故色变",其实只要在平时认真做好安全防护工作,事故是可以预防的。

对可能会引发事故、隐藏安全隐患的地方,做到勤检查、细检查,不能走马看花,一带而过。只有认真细致地检查,才能发现问题;当发现问题时,要及时处理和整改,切忌存有侥幸心理。在施工作业过程中,每个施工作业环节,都要符合安全生产的规范要求。这样,才能把事故消灭在萌芽阶段。

陈某是浙江一家纸业公司的员工,2003年某日,他在造纸车间上夜班,和同事共同操作一台复卷机。当陈某在调节复卷机滚筒时,由于工作服的组扣没有扣上,衣角被复卷机调节支架的固定螺钉钩住,而螺钉随着机器转动,转速极快,每分钟可达几百转;陈某当即被机器拉了进去,又被甩在机器的旁边,头撞在复卷机的起重葫芦支架上。由于陈某的伤势太重,经抢救无效,于当日死亡。

在上述案例中,陈某无视安全操作规定,在上夜班时,没有扣上工作服的纽扣,在调节滚筒时,没有按照规定站在滚筒的侧面,而是随意地站在滚筒的后面,以至衣角被运转中的螺钉钩住,人被带进机器后又被甩出,导致惨剧发生。一个鲜活的生命,就这样被不起眼的小小的纽扣夺去了。可见,如果不重视安全防护,哪怕一个小小的细节,也会使人流血,使生命消逝。那么,做好施工现场的各种安全防护工作的具体内容如下。

1. 现场防护

(1)作业现场必须悬挂醒目的安全标语和安全色标,消防道路畅通,材料堆放整齐。

(2)作业人员进入开工现场必须戴好安全帽,穿好工作服、工作鞋,禁止穿高跟鞋、拖鞋进入现场。

(3)开工现场严禁烧明火或烧电炉,严禁吸烟;各类油漆和其他易燃有毒材料应存放在专用库房,不得与其他材料混放在开工现场。

(4)使用燃油、松节水、丙酮等调配油料要带好防护用品,沾染上油漆或油料的棉纱、破布等杂物,要集中存放在有盖金属容器内,及时将其处理掉。

2. 高空作业防护

(1)凡患有不适宜从事高空作业疾病的人,一律禁止从事高空作业。只有经医生体检合格后,方可进行高空作业。

(2)高空作业区域划出禁区,悬挂警示牌,设置围栏,禁止行人、闲人通行或闯入。

(3)高空作业人员在作业时,必须系好安全带,按规定路线行走,禁止在没有防护设施的情况下,在高墙、挑梁等处冒险攀登或行走。

(4)高空作业处配备必要的照明设备,安装避雷设施。

做好安全管理台账

台账是一种通俗的说法,它其实是一种流水账,是一个单位安全生产管理的资料记录。从安全生产台账上,可以反映出班组的安全生产的真实过程和安全管理的实绩,而且还能为解决班组安全生产中存在的问题,以及强化安全控制、完善安全制度等，提供了重要的依据，它是使班组的安全管理规范化的重要手段。因此，建立并管理好安全台账，是班组安全管理中必不可少的内容之一。

2012 年的某日，河北一家化工公司一个车间发生大爆炸，有 25 人死于这场事故，另有 4 人失踪、46 人受伤。经事后调查，事故的原因是车间操作工因嫌"抄表很麻烦"，擅自拆除了反应釜上的温度计，这样一来，反应釜内物料温度便无法即时监控，而爆炸的隐患也就此埋下。该车间的操作工没有及时上报这个情况，也没有人来解决这一问题。

然而，监管部门每次来检查，操作工都临时装上温度计去应付一下。不久，在未进行工艺安全论证的情况下，车间主任擅自将两套加热器出口温度，设定高限由 215 ℃调到了 255 ℃。这样一来，虽然提高了产量，但也提高了爆炸发生的可能性。于是，一出悲剧在这里上演了。

在上述案例中，操作工嫌查表麻烦，索性把记录温度的仪表给拆了。而车间主任为了提高产量，擅自提高导热油温度，以至于导热油泄漏着火，引起了大爆炸。由此可见，这家企业对生产安全的确不够重视。如果平时从领导到员工都很重视生产安全，即使个别员工忽视安全生产，但每周一次或每日一次的安全检查，就能够查出隐患。

在一些安全管理做得好的企业里，每次安全检查或其他类型的安全活动，都会有相应的台账记录。这时只要一翻台账，就可以知道哪里发现了安全隐患，就能够有针对性地把隐患消灭在萌芽状态。下面是制作安全管理台账的内容。

（1）签订安全责任书。即班组长与车间、员工与班组长签订的安全生产目标管理责任书、合同。班组生产安全领导小组等机构设置的文件。

（2）生产安全管理制度。包括安全技术措施计划、安全生产教育、安全生产责任制、安全生产定期检查、伤亡事故的调查和处理制度等，以及班组长、安全员等岗位职责。

（3）安全生产检查资料。

（4）安全会议记录。

(5)安全技术资料。

(6)事故应急预案、事故记录和报告资料、安全事故调查处理材料。

(7)爆破物品管理台账。

(8)机械、电气等设备管理资料。

(9)上级安全生产管理部门下发的制度性文件、通知、通报等。

(10)安全宣传教育培训、学习、活动资料。

(11)新工人三级教育会议记录、材料。

(12)班组全员花名册,特种作业人员花名册。

(13)安全设施和劳保用品购买、发放登记台账。

(14)其他有关资料。

建立台账看上去很简单,但真正想把台账做好也很不容易,需要班组投入一定的人力和物力。其次,负责台账的人要坚持注重点滴积累,积少成多,保证台账内容的充实。另外,采集者和记录者要经常深入到生产一线,及时收集整理安全信息,不能拖延。对排查出的安全隐患,不论大小都要重视,都要及时处理和登记。

台账资料的记载要规范和分类,该记载什么内容的就记载什么内容,而不能乱记,否则既不便于查找,也不利于归纳和总结。

第三节 班组安全文化建设

班组安全文化建设的主要内容

创建班组安全文化,是强化班组生产安全管理、练好内功的一个重要手段。在企业制度、企业文化,以及文化传统的合力作用下,所形成的员工的安全价值观、安全态度、安全行为准则等,构成了班组安全文化的主要内容。

班组安全文化建设的重要意义,就是要在班组的生产过程中,形成一个浓厚的安全文化氛围,使班组的每位员工的行为,自觉地规范在这种安全价值趋向和安全行为的准则之中。当每一个班组成员在安全文化的熏陶下,把安全渗透于自己的思想之中时,班组的生产安全工作就进入到一个佳境。反之,班组员工则会人心涣散,把国家财产、他人和自己的生命当成儿戏。

2010年某日,在一处工地上,塔吊司机李某发现塔吊主钢丝绳有问题,即报告维修工。在更换时,李某和两名维修工到了工地,一起爬上了塔吊,并约定好信号,每敲打一锤,检修专用小车便往前开;敲打两锤,小车便往回倒退。

开始检修后,二人都没有按照安全操作规程戴上安全带,便坐进小车到起重臂端更换主钢丝绳,将旧的主钢丝绳拆卸下来后,李某就松开固定小车的钢丝绳,并发出信号,请维修工开小车回来,但此时小车已不受控制自行往回滑行,而且速度比原来还快一倍以上。站在小车上的一名维修工刘某见此情景,心里极为恐惧,便不顾一切地向上跳起,想伸手抓攀起重臂架的角钢,但却未能抓住,自己的身体反而被拉出小车外,从30多米高的起重臂上坠落下去,当场死亡。

在上述案例中,两名维修工在高空作业时,由于没有遵守安全操作规程,没有系上安全带,当失灵的小车向前飞奔时,刘某冒险从小车里跳起,终于酿成了悲剧。此外,在检修前,班组没有对维修工进行技术交底和班前安全教育,也是造成这次事故一个原因。出现事故的班组,通常是只顾埋头生产,而无暇做好安全管理。其实,安全投资或投入是很划算的。因为一旦发生事故,在经济上也是极大的损失。

班组安全管理中的重要内容之一,是安全文化建设。实践证明,班组把安全文化建设搞好了,员工们的安全意识必然会得到提高。班组文化建设的包括以下内容。

1. 在班组建立标准规范的安全物质文化

在现代企业,安全文化需要依靠技术进步和技术改造来推动,以此不断提高班组安全文化的程度。其内容主要包括以下几条。

（1）作业环境安全。安全文化建设的目标是将生产场所中的高温、尘毒、噪声、辐射等有害物质，控制在规定的标准范围内，创造出一个舒适、安全的作业环境。

（2）工艺过程安全。在开工现场，作业人应了解物料、原料的性质，正确控制好温度、压力和质量等参数。

（3）设备控制过程安全。班组通过对生产设备和安全防护设施的管理，来实现设备控制过程中的安全。

2.建立符合安全伦理道德，和遵章守纪的安全行为文化

（1）员工在掌握安全知识的基础上，通过多种渠道，熟练和掌握各种安全操作技能。

（2）员工严格按照安全操作规程进行操作。

3.建立健全切实可行的安全管理文化

（1）建立健全班组的安全管理机制，即建立起责任落实到人的、高效运作的安全管理组织；建立起奖惩严明、切实可行的安全防护监督体系。

（2）建立健全班组安全管理制度和规定、奖惩制度，使其规范化、科学化、适用化，并严格执行。

4.建立"安全第一、预防为主"的安全观念文化

通过多种形式的宣传教育，提高班组员工的安全生产意识，包括应急安全保护知识、间接安全保护意识和超前安全保护意识，并进行安全知识教育培训。

现代企业建设班组安全文化，就是用安全文化造就具有健康的心理素质、科学的思维方式、安全的行为趋向的现代人，使班组内的每一个员工在正确的安全心态支配下，在安全文化的机、物、环境系统中，高度自觉地按照安全制度准则，来规范自己的行为，并能有效地保护自己和他人安全与健康，同时又确保班组生产的顺利进行。

班组安全文化建设的途径与方法

一个班组的安全文化，总是有自己的特色，它是班组全体成员在长期的生产活动中形成的，包括班组成员的基本安全信念、安全价值标准和安

全行为规范。它一旦形成,就会被班组的每一位员工遵循。

在现代企业,健康向上的班组安全文化,对于班组安全生产的作用十分明显。然而,在现实中,有些班组在安全生产管理方面仍存在着诸多问题,如安全生产知识缺乏、安全生产意识薄弱、安全生产培训力度不够、安全生产宣传没有与生产实践相结合、员工不遵守安全生产制度等,而事故总是光顾这样的班组。

2012年某日夜班,某地煤矿正常掘进施工。由于中班时,耙装机主机滚筒侧的两个导绳轮从底座脱落,被放在耙装机后面。夜班也没有安装新的导绳轮,仍继续使用这台耙装机。在使用过程中,因耙装机缺少导绳轮,造成钢丝绳排列不整齐,最后主绳被咬死。

副班长朱某没有经过耙装机的相关业务培训,也没有操作耙装机的资格证件,但他为了把咬绳拉开,无证上岗,强行操作耙装机,导致耙装机上的料槽与主机连接部位断裂脱落,旋即发生侧翻,挤到朱某头部,使朱某当场死亡。

在上述案例中,作为副班长的朱某,没有经过耙装机的相关业务培训,在对耙装机一无所知的情况下,竟然强行操作耙装机,结果有问题的耙装机"发威",发生了侧翻,使朱某的头部受到重创,当场死亡。现实中,有不少像朱某这样的员工,安全意识十分淡薄,一旦遇到特殊情况,不是按照安全操作规程去操作,而是随心所欲地违章蛮干。

班组员工安全意识淡薄,与这个班组的安全文化建设缺失是紧密相连的。班组安全文化建设的方法与途径有以下几条。

1. 实施有效监督机制

班组应积极建立健全安全生产规章制度与操作规程,以制度的方式约束和规范员工的行为,从法律上来要求员工的生产安全行为;同时,不断在生产中发展、在发展中完善,逐渐形成具有班组特色的安全文化。除此之外,还要依靠严格的监督机制,来检验制度的完善性和实用性。

2. 以科学发展观实现安全文化建设

在实践中,除了建立有效的制度体系之外,思想工作也是安全文化建设的重要内容之一,而且在班组安全文化中占主导地位。班组长应积极转变员工思想,改变部分员工的因循守旧、麻痹大意、经验主义等思想认识,让员工清醒地认识到安全文化建设的长期性与发展性,确保安全文化建设能持续有效地进行。

3. 加强安全培训的力度与深度

有些安全事故不是由于班组长和员工安全意识缺乏,而是因为不懂得安全生产知识;因此,班组要对经常对员工进行安全培训。安全培训要结合实际工作,在实际操作性上下功夫。

4. 不断加大投入,发挥硬件的保证作用

现代企业的班组,应采用新产品、新装备、新技术,来提高安全文化建设的水平和程度。保证工艺过程、设备控制过程、整体环境的本质安全,使人、环境等,都处于良好、安全的状态。

健康向上的班组安全文化,具有极强的凝聚力,能够在班组内产生一种关心人、尊重人、培养人的良好氛围,产生一种精神振奋、开拓进取的良好风气,激发个人对企业的认同感,使个人与班组、企业同甘苦、共命运。

第四节　班组管理的六个"三原则"

"三勤""三细"的内容与原则

做好班组的安全管理工作,是企业维持生存和持续发展的永恒主题,也是班组长工作的重要目标。班组长从长期的实际工作中,深深体会到,只有不断创新提高,才能把班组的管理工作做好。只有结合本班组的具体情况,才能把安全管理工作做到员工的心坎里,也才是抓住了安全管理的关键。

白国周是中平能化集团七星公司开拓四队的一名普通矿工班长,然而他却在平凡的岗位上创造出令人赞叹的业绩。

作为一名班长,他在长期的工作实践中,积累了丰富的煤矿安全生产的经验,创造出一套班组管理方法——"白国周班组管理法",其主要内容可以概括为"六个三",即三勤、三细、三到位、三不少、三必谈、三提高。

"白国周班组管理法"的实施,保证了自己班组22年的生产安全,而且为煤矿班组建设和煤矿安全生产积累了宝贵经验。白国周本人也因此成为煤矿安全的典范和基层班组长学习的楷模。"白国周班组管理法"植根于实践的沃土,因此有强大的生命力。

"白国周班组管理法"是矿工班长白国周用汗水凝结成的,也是众多在事故中伤亡的工人们的鲜血凝成的,值得班组长们认真学习、探讨和运用。

"三勤",即"腿勤""嘴勤""脑勤",这"三勤"主要是对班组安全员而言的。安全员在进行安全检查时,不能敷衍了事。巡视检查设备要能够做到"听、闻、看",即听设备有无异常的声音,闻设备有无异味,看设备有无异常的情况。在检查施工现场时,要注意安全措施是否落实到位;此外,还要注意员工是否有违章现象,工作情绪是否正常、安全用品的使用是否符合要求等等。只要安全员做到腿勤,安全检查就不会留下死角,整改措施也会落到实处,安全事故就不易发生。

另外,安全员要"嘴勤",要及时传达上级的有关安全方面的要求,协助班组长组织员工学习相关的安全规程和资料,通过学习提高员工的安全技能,达到安全教育的目的。对违反安全规程的行为要坚决予以制止,同时,还要对违章的员工耐心地进行安全思想教育。

最后,安全员还要"脑勤",为了提高自己的业务素质,作为安全员还要不断学习,拓宽自己的知识面,提高自己的知识理论水平,并将知识理论与生产实际相结合。要利用学过的知识来想办法,解决实际问题,针对具体情况,要采取具体措施进行整改,消除不安全因素,防患于未然。

只有做到了"三勤"才能保证班组的安全生产,才能为企业的安全生产打下坚实的基础。

而安全员只有做到"三勤",才算得上是一名合格的安全员。

"质量是企业的生命,同样也是安全的保证,质量做不好就不可能做好安全"。做安全工作不是机械的、表面化的,而是要扎扎实实地去做。在班组作业中,只有先把工程质量做好了,生产安全才会有保障。

周师傅是一位经验丰富、认真负责的班组长,有一天上班时,他发现绞车一边的滚筒处有两根螺钉松动了,就在一旁醒目的地方写上这件事,并写出请绞车司机到位后及时与小班机电工联系,如果问题不得到处理,坚决不能开动绞车。

下了班后,他还要进行详细的复查,能处理的会及时去处理,不能处理的就做到口传口、手交手,进行严格地交接班。多年来,在他细致、严谨的管理下,许多隐患都被消灭在萌芽状态,安全生产的各项规章制度得到了很好的贯彻落实。

周师傅作为一位资深班组长,在长期的班组管理工作实中,真正做到了"三细",即"心细""安排工作细""抓工程质量细",在他的班组里,多年来基本上没有发生过事故。

班组长每天的工作千头万绪,十分繁杂,做到"心细"、工作杂而不乱必须有经验和方法。根据经验丰富的班组长所总结的经验:应从每天的班前会开始,针对当班出勤状况,分析岗位人员配置,做到心中有数,尤其对于一些特殊岗位,在班前会上应仔细观察岗位员工的精神状态,然后再考虑是否安排工作。

此外,在给员工分配工作时,班组长应认真考虑什么性格的员工,适应干什么性质的工作。尽量做到量才使用,发挥员工的长处;这样,就能提高工作效率,减少因为个人因素可能带来的安全隐患。

在工程质量上,班组长应严格按照施工要求、操作规程和安全技术措施进行施工,严把工程质量关。生产过程中注重细节,勤于检查,抓好落实。只有把这些工作做好后,才会把安全隐患消灭在萌芽状态。

"三到位""三不少""三必谈""三提高"的内容与应用

班组生产涉及不同的工种、行业,而各个工种和生产行业由于其本身的特点,其工作条件往往是复杂多变的。那些作业环境差、危险因素多的工种和行业,客观上存在着很多安全上隐患,如果不经常对工作地点及设备的安全状态进行检查,就有可能酿成事故。

有些特殊行业的班组,如煤矿的采煤班组,员工常年在地下采煤,危险系数高,条件艰苦。因此,更应坚持安全第一的理念,在任何情况下,都要把安全生产放在第一位,坚决做到不安全绝不生产。

对安全管理工作要求严格的行业,班组长除了做到"三勤""三细"以外,还应做到"三到位""三不少""三必谈""三提高",从各个方面落实安全管理。当然,其他行业的班组长也不例外,也要以此标准来要求自己。所谓"三到位",即布置工作到位、检查工作到位、隐患处理到位。

布置工作到位是在每天上班前,班组长布置工作时,必须详细、清楚,把工作任务、安全措施等内容,要向员工交代明白。如果在哪个方面有上一班的遗留问题,必须在班前会上提请员工注意,及时加以解决。

检查工作到位是指班组长对自己所管的范围,要反复巡回检查,每个环节、每个设施设备都要及时检查,不放过任何一个隐患点。

隐患处理到位是指班组长要善于发现开工现场的隐患和问题,对于隐患和问题,能处理的要及时处理,当时处理不了的,就在"公示牌"上写下隐患情况,指令有关人员限时处理。

赵师傅是一位有二十年工龄的老班长,长期的工作实践,使他深知安全的重要性。他常常对员工宣传"安全第一",不仅自己没有一次违章,还主动帮助工友增强安全意识。

有一次,他的班组有一位员工上午在老家收完麦子,顾不上休息,下午就急匆匆地赶到了矿上,要上4点的班。员工之所以如此着急,是因为他就差一个班就可以拿到当月的保勤奖,不然,他的收入就可能少20%,总共要扣去五六百元钱。在开班前会时,他发现这名员工精神疲倦,不断地打着呵欠。问清情况后,当即决定让他马上回家休息,绝不允许他带着疲劳上岗。

在上述案例中,那位员工舍不得扣掉保勤奖,不顾身体疲劳,要下井工作,老班长赵师傅发现这一情况后,坚决拒绝他下井。因为他知道,带着疲劳在危险场所工作,存在着极大的安全隐患,很容易导致事故。对于工作场所和员工身上所存在的不安全因素,坚持"三不少",是防范和杜绝安全隐患的有力利器。

所谓"三不少"即班前检查不能少、班中排查不能少、班后复查不能少。

班前检查不能少。接班前,班组长要对工作环境及各个环节、设备依次认真检查,排查现场隐患,确认上一班所遗留的隐患和问题,指定专人予以整改。

班中排查不能少。坚持每班派专人对各个工作点进行巡回排查安全隐患,重点排查在岗职工的精神状况、班前隐患整改情况和生产过程中的动态隐患。

班后复查不能少。班组长在当班结束后,对安排的工作要进行详细复查,对工程质量和隐患整改情况要重点复查,一旦发现问题后,要及时处理。如果有暂时处理不了的问题,要在现场向下一班的员工交接清楚,并及时向上级汇报。

孙班长是一位重视生产安全的模范,平时他对待安全检查工作,坚持"三不少"。有一次,在班后复查时,他发现一根锚杆打得不合格,当即要求员工返工;而返工需要到附近的三分队去借工具,来回就得耗费半个多小时。一些员工劝他说,一根锚杆也坏不了多大事,喷进去后谁也看不到,就别再费那个事了。他却认为:"正是因为看不到,安全隐患才更可怕。"员工只好借了工具,重新打锚杆,直到达到要求后才升井下班。

在上述案例中,孙班长以"三不少"的负责态度,对待安全管理工作,执行标准不走样。他这样的"执着",让一些人看起来是自找麻烦,自找苦吃。但他却不是这样看,他觉得,只有执着地细致地检查,才能发现隐患,避免重大安全事故的发生。为此,孙班长不忘做员工的思想工作,使班组的所有员工都具备安全意识。在这方面,班组长可以借鉴"三必谈"的经验。

所谓"三必谈"，即发现情绪不正常的人必谈、对受到批评的人必谈、每月必须召开一次谈心会。

发现情绪不正常的人必谈。班组长要注意观察了解员工的思想情绪，发现有情绪不正常、心情急躁、精力不集中或神情恍惚等问题的员工，即使再忙也要抽出时间，及时与其交流沟通。弄清原因后，再因势利导，消除该员工的急躁和消极情绪，使其保持良好心态和注意力投入工作，提高其安全意识。

此外，对受到批评的人必谈。对受到批评或处罚的人，班组长要单独与其谈心，讲明对其批评的原因，消除他的抵触情绪。

每月必须召开一次谈心会。班组每月至少召开一次谈心会，组织员工聚在一起，让大家交谈安全工作经验，反思存在的问题和不足，做到互学互帮、共同提高。

在班组安全管理工作上，一个人的力量毕竟有限，班组长要发动所有的员工增强安全意识，人人行动起来，才能把班组的生产安全工作做好。在这方面，班组长也有可以借鉴的经验，即"三提高"——提高安全意识、提高岗位技能、提高团队凝聚力和战斗力。

提高安全意识。班组长要通过各种方式，采取各种方法，教育员工时刻绷紧安全这根弦，时刻把安全放在心上，坚决做到不安全绝不生产，以此引导员工牢固树立"安全第一"的理念。

提高岗位技能。班组长要经常和员工一起学习、研究掘进各工种的工作原理和操作技术，提高安全操作技能。经常组织员工针对生产和现场管理中出现的问题，一起讨论、共同寻找解决问题的办法，以此提高班组每一名员工的综合素质。

提高团队凝聚力和战斗力。班组长要想方设法调动班组内每一个员工的积极性，不让一名班组成员掉队落伍，争取使大家都学会各项本领，包括安全知识和技能等。员工在生产安全上偶犯错误和疏忽，不要乱发脾气，而必须因人施教，耐心地向员工指出思想和问题的根源，并发动其他员工一起帮助其改正错误和缺点。

第五节 安全色与视觉管理

安全色与对比色的应用

1. 安全色

作为表达安全信息的颜色——安全色，表示警告、禁止、指令，以及提示等意义。国际标准化组织（ISO）及一些国家，在对安全色的使用上，都有严格的规定。

我国也制订了安全色的国家标准，规定以红、黄、蓝、绿 4 种颜色，作为全国通用的安全色。这 4 种安全色的含义如下。

（1）红色。红色表示停止、禁止、消防、危险等。在禁止、停止和有危险的器件设备上或环境中，都会涂以红色的标记，如公众场所竖立的禁止标志，道路上竖立的交通禁令标志、各种消防设备、器材上、停车、停止按钮、刹车装置的操纵把手、仪表刻度盘上的极限位置刻度、机器转动部件的裸露部分、液化石油气槽车的条带及文字、危险信号旗，等等。

（2）黄色。黄色表示注意、警告的意思。在警告人们注意的器件、设备或环境中，都会涂以黄色标记。如交通警告标志，警告信号旗，道路交通路面标志，一些警告标志、皮带轮、防护罩的内壁、砂轮机罩的内壁、楼梯的第一级和最后一级的踏步前沿、防护栏杆等。

（3）蓝色。蓝色表示指令、必须遵守的规定；如交通指示标志、指令标志等，都涂上蓝色。

（4）绿色。绿色表示安全，通行，信息提供、畅通的意思。在道路上，竖立涂以绿色标记的或闪烁着绿灯的，表示可以通行、情况安全。此外，机器启动按钮、安全信号旗等，都涂以绿色。

安全色在人们的生活和工作中广泛使用，给人们带来了安全、便利，使人们能够对威胁安全和健康的物体、环境作出快速反应，最大限度地减少事故的发生。如今安全色的用途越来越广泛,随着城市的现代化,安全色的用途也扩大了,如高速公路、高铁上的安全标志牌、交通标志牌、防护栏杆,以及各类电器装置上不准乱动的部位等。

安全色的应用必须是以表示安全为目的,对颜色选择范围有严格的规定。安全色与热力设备管道及电气母线涂色的作用、规定是完全不同的,两者不应混淆。

2.对比色

对比色是使安全色更加醒目的一种颜色,又称为"反衬色",它有黑白两种颜色。

(1)黄色安全色的对比色为黑色。

(2)红、蓝、绿安全色的对比色皆为白色。

(3)黑、白两色互为对比色。

如一些安全标志的文字、图形符号、警告标志的集合图形、公共信息标志等,都是涂以黑色的。白色通常作为安全标志中红、蓝、绿色安全色的背景色,安全标志的文字和图形符号及安全通道、交通的标线及铁路站台上的安全线等,也使用白色。表示禁止通行、禁止跨越等,采用的是这种对比色,一般用于公路交通等方面的防护栏及隔离墩上面。

比起单独使用红色,红色与白色相间的条纹,就显得更加醒目多了。而黄色与黑色相间的条纹,则比单独使用黄色也更为醒目,它表示要特别注意,用于起重钓钩、剪板机压紧装置、冲床滑块等上面的警示颜色。

此外,蓝色与白色相间的条纹对比色,比单独使用蓝色醒目,通常用于指示方向,多为交通指导性导向标。

安全标志的设置与分类说明

班组长在实施安全管理时,除了重视规章制度的制订和安全措施的落实以外,对于一些安全细节方面,也要予以重视,如在开工现场竖立醒目的安全标志,使员工看了一目了然,增强了遵守生产安全操作规程的自觉性,从一定程度上避免安全隐患的发生。

设置安全标志,首先要让员工熟知安全标志的颜色、图案的含义,否则,安全标志等于白白地竖在那里。

1998年的某日,某化工厂的维修成品车间的高炉炉顶放散阀坏了,维修仪表工刘某和章某带上工具去检修。当班的操作工杨某与赵某将控制系统由自动改为手动,并进行了自动阀开关阀门、手动阀开关阀门试验。当试验完成后,确定了故障检修点,张某与杨某口头约定不再启动自动阀门。这时刘某便开始检修,李某负责监护。高炉原料罐已装好原料,向炉内放料开车。于是,操作工杨某就按照常规将系统由手动改为自动,将自动放散阀自动关闭,致使液压缸推杆下移,将正在检修该阀门的刘某的左手手指截断4根,仅剩下一根大拇指,造成了终身残疾。

在上述案例中,维修仪表工刘某严重违反设备安全检修规程,在检修时,不在现场挂"禁止启动"警示牌,只是与操作人员口头交代一下了事,结果使张某的断指受到伤害。如果现场挂上警示牌,就不会出现这个后果了。可见,在需要警示的场所,竖安全标志是十分重要的,在现场应做到准确识别安全标志。

首先,安全标志是根据国家标准规定的,安全标志由安全色、几何图形和图形、符号构成,它是表示、表达特定的安全信息、意思的安全色颜色、图形和符号。

安全标志的分类为禁止标志、警告标志、指令标志、提示标志4类,此外,还有补充标志。

1. 禁止标志

禁止标志的含义是不准或制止人们的某些行动。禁止标志的几何图形,是带斜杠的圆环,其中圆环与斜杠相连,用红色;图形符号用黑色,背景则采用白色。

我国规定的禁止标志共有28个,其中与电力相关的禁止标志,如禁放易燃物、禁止吸烟、禁止烟火、禁止通行、禁止用水灭火、禁带火种、修理时禁止转动、运转时禁止加油、禁止跨越、禁止乘车、禁止攀登等。

2. 警告标志

警告标志的含义是警告人们可能发生的危险;警告标志的几何图形,

是黑色的正三角形、黑色符号和黄色背景。

我国规定的警告标志共有 30 个,其中与电力相关的,如当心火灾、当心腐蚀、当心中毒、当心爆炸、当心瓦斯、当心塌方、当心坑洞、当心激光、当心微波、当心触电、当心机械伤人、当心伤手、当心吊物、当心扎脚、当心落物、当心坠落、当心车辆、当心弧光、当心冒顶、当心电离辐射、当心裂变物质、当心滑跌注意安全,等等。

3. 命令标志

命令标志的含义是必须遵守。它的几何图形是圆形的,上面的背景是蓝色的,图形为白色符号。命令标志现共有 15 个,其中与电力相关的,如必须戴安全帽、必须戴防护眼镜、必须穿防护服、必须穿防护鞋、必须系安全带、必须戴防毒面具、必须戴护耳器、必须戴防护手套等。

4. 提示标志

提示标志的几何图形,是方形,绿、红色的背景,图形和文字是白色的。最常用的提示标志共有 13 个,其中绿色背景的一般提示标志有 6 个,如安全通道、太平门等;带有红色背景的消防设备提示标志有 7 个:火警电话、消防警铃、消防水带、灭火器、地下消火栓、地上消火栓、消防水泵结合器。

5. 补充标志

补充标志是对上述 4 种标志的补充说明,以防被误解。补充标志分为两种,即横写和竖写,横写的在标志的下方,为长方形,可以和标志连在一起,也可以分开;竖写的写在标志杆上部。

补充标志的颜色。在竖写的补充标志上,是白底黑字;而在横写的补充标志上,用于禁止标志的用红底白字,用于警告标志的,则用白底黑字,用带指令标志的,则用蓝底白字。

安全标志应设置在醒目的地方,可视性要好,文字要端正,显得庄重严肃,不可潦草。

现场视觉管理的重要性

无论是在施工现场还是在车间里,视觉管理都会给安全带来很大的益处。人的行动的 60% 是从视觉上的感知开始的,因此,用一目了然的方法去管理,能够使员工容易明白、易于遵守,让员工更能主动理解、接受和执行各项生产安全工作。甚至有人说:"目视管理实施得如何,很大程度上反映了一个企业的现场管理水平。"

可是,有些人不懂得其中的奥妙,忽视了目视管理,给安全工作带来了损失。

2002 年的某日,一车不锈钢板运到某化工厂,行车操作工王某操作行车起吊钢板,贺某负责指挥,赵某在汽车东边挂钩,伊某在西边挂钩。当时贺某本应站在西边,便于指挥,但他却站在汽车东边。刘某当时在南边打扫卫生。当钢板吊起离开汽车,快接近切割转台时,行车操作工王某发现不锈钢板南北上下出现晃动,而这时,吊车却没有停下,正向南边移动。

贺某发现有人站立在北边的危险区,立即向王某打手势,并大声呼喊。王某看见贺某用手在朝他挥动,并大声呼喊,便立即紧急停车。但此时,钢板已经脱离吊钩,正向下坠落,霎时,车间尘土飞扬。

在场的贺某、赵某等人,已意识到出事了。当他们赶到出事地点时,发现刘某倒在地上。贺某、赵某等人赶紧将刘某送往医院,但刘某因脑部受损严重,经抢救无效死亡。

在上述案例中,行车操作工王某发现钢板在南北上下晃动时,应立即停车弄清原因。但王某违犯操作规程,却没有停车,导致钢板脱离吊钩。而贺某作为现场指挥,应站在吊车的西边,这样才便于检查和阻止其他人员进入危险区,但贺某却站在汽车东边。因而不能及时发现出现在吊车西边危险区的刘某,这是造成本次事故发生的主要原因。

由于站的位置不对,贺某失去了便于观察危险区的有利视角,造成一人死亡的严重后果。可见,视觉在安全管理中是不可忽视的。

在开工现场或在其他的区域,员工通过眼睛观察,能够正确地把握现场的作业运行情况,判断是否存在安全隐患,省却了许多烦琐的检查。从这一现象和原理出发,形成了班组所普遍采用的目视管理方法。使用目视管理,能够给班组的安全管理带来很大的好处。

（1）无论是谁，都能判明安全隐患在哪里。

（2）判断迅速，精度高。

（3）亲眼所见，胜过班组长的一百句话。

如当一个人走到十字路口，看到前面闪烁着红灯，就会自觉地停住脚步。这是因为红灯意味着停止，这是一个无声的命令。

再如，如果你看到开工现场收拾得井井有条，防火防爆设施齐全，工具、设备上都有警示标志；此时，你一定感觉到很踏实，很有安全感。反之，你心中一定会隐隐感到不安，时刻担心哪天会出事。在这里，目视管理，作为使问题"显露化"的道具，发挥了很大的效果。

现今，目视管理无论在生产安全管理，还是在生活上，都得到了广泛运用，给大家带来了安全感，也带来了很大的方便。如电脑上装有许多形状各异、各种颜色的接口，长的、方的、圆的、扁的，绿色的、红色的、黄色的等，各连接线的插头，也相应的是各种颜色。这样只要看颜色插线，又快又准又安全。

第六节　岗位作业安全标准化的管理

岗位作业安全标准化的作用

毫无疑问，作业安全标准化是班组安全生产的有力保障。有了它，班组就可以水到渠成地推行一套完整、科学、严密的安全管理程序，能够起到优化现场安全管理各要素的良好作用。同时，又能规范班组员工的安全行为，避免不安全的现象在班组出现，从而促进了班组整体安全素质和综合安全水平的提升。

2002 年某日，在广东某建筑公司承包的工程工地上，工人们使用混凝土搅拌机拌制抹灰砂浆。上午时分，由于抹灰工人较多，造成砂浆供应不上，抹灰工人在现场停工待料。身为工长的林某非常着急，便到砂浆搅拌机边督促工人拌料。然而,林某的安全意识并不强,当搅拌机操作工人去备料时,他自己私自违章开启了搅拌机。在搅拌机运行过程中,林某竟将头伸到料口边,查看搅拌机内的情况,就在这时,不幸发生了:正在向上升起的料斗夹到了他的头部,林某跌倒在地,此时料斗又刚好落下来,压到了林某的胸部。事故发生后,林某因抢救无效死亡。

在上述案例中,抹灰工长林某违章作业,在搅拌机操作工人不在场的情况下,擅自开启搅拌机,且在搅拌机运行过程中,又将头伸进料斗内,导致料斗夹到其头部,并又压到他的胸部,不幸身亡。产生这次事故的直接原因,是林某违章作业,其次是该单位缺乏专人对施工现场进行安全管理,在施工过程中,也没有专人对安全状况进行检查督促。可见,该施工现场劳动组织不合理,作业混乱,更谈不上作业安全标准化了。

对于这类班组,必须加强安全管理,建立健全安全生产责任制,管理人员和员工都应按照各自职责严格执行规章制度,按照作业安全标准化去工作。在制订作业安全标准化的过程中,要让班组员工熟知标准化的作用。这样就会懂得安全标准化给自己带来的是益处,是安全的可靠保障。作业安全标准化作用有以下几点。

1. 能有效地控制人的不安全行为

在班组生产作业的过程中,所控制的主要对象是人、机、料、法、环五要素。而在这五要素中,最难控制的是人,因为人的自由度极大;然而,又必须进行有效的控制。因为人是客观事物的主体,人的种种不安全行为,都是诱发事故的定时炸弹。而作业安全标准化,能够把复杂的管理和程序化的生产作业,相融到一体;这样就能使人的失误、不安全的行为,都能得到有效地控制、约束和规范,把可能会发生的事故降到最低限度。

2. 有效地控制"三违"现象的产生

从当前有关企业生产安全方面的统计可看出,企业中所发生的事故有90%发生在班组,而班组中有80%的事故,则是由"三违"现象所引起的。班组作业安全标准化,能够把企业各项安全要求,优化和落实到"管理标准、技术标准、工作标准"上来,并在作业单元上严格规定了操作程序、动作要领。这样就把整个作业过程,具体分解为既互相联系,又相互制约的操作程序、动作标准,它既是冷冰冰的死的框子,把人的行为限制在动作标准这个框子之中,又是充满爱心的天使。由于从根本上控制了违章作业,特别是习惯性违章作业,保证了班组长和员工上标准岗、干标准活、交标准班,从而消灭了侥幸心理、冒险蛮干的不良现象,使得不安全的灾祸远离他们。

3. 能有效地控制物的不安全状态

虽然人的因素是主要因素,但物和环境的不安全因素,通常也是诱发事故的重要原因之一。班组安全作业标准化,是以生产现场管理的标准化作为前提。在这个前提下,作业现场的安全装置齐全、防护用品齐全、检测检验仪器完善、消防通道畅通、照明亮度充足、物流有序,构成一个良好的安全作业环境,有效地控制物的不安全状态。班组作业标准化还把生产过程中的危险源、危险点作为重点,有针对性地制定一套行之有效的标准化操作方法、检修要领,使之始终处于有序的控制之中。

班组推行岗位作业安全标准化的意义

推行作业标准化,是实现班组安全生产的有力保证;生产安全工作做得好的班组,以自己的实践证明,基层的安全生产,实际上是一系列标准化作业的直接结果;因为它反映着内部处于规范、协调、有序、可控的状态。因此,班组要安全生产,就必须推行作业标准化,只有推行作业标准化,才能有力地保证安全生产。工作无论巨细,都必须遵循标准化的原则,遵守操作守则,否则,就会出大事。

在某实验室,小样机放水时,化验员要特别注意水位,使水浸没热水管以防止漏电。有一次,化验员发现当他用手去碰触机器时,会有触电的感觉,于是找来了电工。但电工来了后,却又检查不出具体的原因。后来,其他员工也都不敢去接触这些机器了,导致实验室的工作进度大受影响。

不久后,动力设备部的人来检查设备,才发现是因为操作不当,使小样机里的水漏光了,热水管因高温过热而烧坏,而导致漏电事故的发生。此外,化验室在煮布时,如果没有把电炉表面擦干或把水溅到了电炉上,那么,在打开电源时,会引起短路;严重时,可能会发生触电事故。因此,化验员平时在操作时,必须注重标准化,当停机后才能操作,否则,就会漏电,使自己或别人受到伤害。

在上述案例中,化验员的工作是一件细致的活儿,必须事无巨细地按照标准化进行,否则就会发生安全事故。其实,在一个企业里,每个岗位、每个工种、每个班组,都有具体的安全标准,这些标准源于日常生产的具体实践,有的甚至是用血的代价换来的。只有每一位员工都按标准化规定的要求去做,才能够保障安全生产,确保产品的效率和质量。

然而,在现实中,总有一些员工图省事、怕麻烦,怎么顺手就怎么干,怎么省事怎么做。在他们看来,似乎不违章就干不出活,省一两道工序也不会出大事的,久而久之,看惯了、干惯了、习惯了,而安全隐患也渐渐埋下了。由此可见,推行作业安全标准化意义重大。

1. 作业标准化是生产安全的客观需要

在一个企业的班组里,每个员工所受的教育、工作经历、技术水平、经验、性格等,存在着一些差异,因而在对待标准化的态度、行动上也会有所不同。由于作业安全标准是经验和科学的总结,体现了安全、高效的客观规律,因此经过教育,一些有怀疑态度的人,最终也会积极参与。因为只要按照标准化进行作业,就能有效地防止事故发生。

2. 作业标准化是过程管理规范化的基础

班组在制订和贯彻管理标准时,使管理定量化、以各种岗位工作标准化为依据,从组织行为角度,确定和制订班组成员必须遵守的行为准则,并以此相互约束,就是管理的规范化。

3. 作业标准化是安全规章制度的具体化

当一个班组制订了安全生产规章制度后,便逐步消除了或正在抑制种种不安全因素。由于在生产过程中,会有很多随机的因素出现,情况在千变万化,有时现有的规章制度与客观条件差别很大,因而不适用;这时,就必须以安全作业标准作为依据,因此,它又是规章制度的基础。

班组从多年安全管理的实践出发,提出实施标准化作业,其实就是控制人的不安全行为,消除环境中的安全隐患,也是加强企业安全生产管理的最佳途径。

第七节 班组安全教育活动

班组安全日活动及记录

在一个企业的班组里,当某个角落躲藏着安全隐患;或者当危险袭来时,有些班组长能够比别的员工先嗅到,比别的员工先看见。这些班组长对于不安全因素的辨识能力很强,在生产安全方面,真正起到了带头人的作用。这些班组长的"先见之明"是从哪里来的呢?不是天生的,也不是上级"暗授玄机",而是他们在工作和生产中刻苦学习、认真实践,才获得的。

他们通常不怕做最细小、最琐碎的事情,如定期开展安全活动日,认真做安全活动记录等,对事故的预防起到了不可小觑的作用。而那些事故频发的班组,常常是安全制度混乱,员工的安全知识贫乏,班组长也对安全教育、安全活动不够重视。

某市化工厂从管理者到普通员工,都十分重视生产安全。厂里各个班组,每周都要召开一次安全日活动。在班组安全日活动中,厂里的各级干部,包括厂长、书记等高层领导,都分头到班组与员工一起参加安全日活动。

在一次安全日活动中,按照事先安排,厂长老朱要到铆焊班和员工一起开展活动。当朱厂长踏进铆焊班的会议室时,眼前便觉得一亮:墙上挂着班组综合管理框架图,内容丰富、图文并茂。

活动开始后,铆焊班长老李拿出"安全日活动"记录本,请每位与会者签到,包括朱厂长。签到后,李班长便把活动日的内容向员工一一说明:"今天安全日活动有这几项内容,一是结合班组岗位工作,进行事故警示周活动教育,大家讨论一下。二是进行'一周一案例'学习,今天我们要学习两个案例。"

　　李班长亲自讲解"一周一案例",内容为"电焊火花和焊渣的灼烫伤"。案例取自于真实的事故案件。李班长还总结了事故发生后的惨痛教训,使员工听了触目惊心。

　　李班长将案例宣讲完毕,便请大家谈谈看法。铆工王师傅讲到正在进行的一项重要工作的安全环节,焊工刘师傅重申对安全重要性的认识,张师傅则说起了"三讲一落实"等。

　　朱厂长听了大家的发言,对铆焊班开展的安全日活动和班组安全管理,给予了较高评价,他也谈了自己对班组安全管理的看法,与铆焊工们在一起交流。同时,朱厂长又强调道:"一定要以安全活动日为契机,加大对班组生产安全的宣传力度,强化全员安全生产意识,规范班组的安全管理,实现本质安全,确保安全生产。"

　　铆焊班通过定期开展的安全日活动,给班组的各个员工都留下了深刻印象,"安全责任,重在落实"的活动主题,越发深入人心。员工的安全意识得到了普遍提高,在工作中,大家都能自觉遵守安全生产操作规程,时刻把安全生产放在第一位,做到了全年无事故,成为全厂安全生产的标杆。

　　上述案例中,该化工厂由于各级管理者的高度重视,大抓安全生产,定期开展班组安全活动日,员工的安全意识得到了普遍提高,工作中真正做到把安全生产放在第一位,因而消除了安全隐患,做了全年无事故。

　　由此可见,企业管理者包括班组长,对班组的安全生产起着十分重要的作用。在班组的安全管理中,班组长带头认真落实安全生产责任制,经常组织员工开展安全活动,这样才能使员工的安全意识和法制意识得到增强。在开展安全活动中,从人员、环境和机械设备等入手,对各种可能发生事故隐患及时消除,做到超前预防和控制,在执行安全措施的全过程中,人人尽职尽责,共同接受规章制度的约束。

　　同时,通过安全日活动,在班组员工之间建立整体联动安全制度,互相监督,互相制约。每次开展的班组安全活动,都要认真进行记录。

　　开展班组安全日活动要讲究实效,真正达到员工自我教育、自我管理的目的,并使班组安全活动日制度化。

　　班组安全日活动,应每周一次,每次不少于一个小时。安全日活动时间不得挪作他用。

活动内容如下。

(1)结合上级下发的事故通报,组织员工进行深入分析、讨论事故原因和预防措施,举一反三,吸取教训。

(2)组织员工学习安全生产文件、安全管理制度、安全操作规程及安全技术知识,总结一周的安全生产情况,提出进一步搞好安全生产的对策和要求。

(3)根据事故预案和操作规程的要求,组织员工进行生产异常情况紧急处理能力的培训和演练,定期开展防火、防爆、防中毒和自我保护能力的训练。

(4)班组要定期进行安全技术操作法等安全知识的学习和考试。

(5)邀请有关安全专家或有关领导、技术人员,来班组与员工进行安全座谈,就安全管理和隐患整改等内容,提出合理化建议等。

(6)要充分发挥班组兼职安全员的作用,落实班组安全员的安全职责,提高活动效果。

(7)安全管理部门要做好日常检查和考核,并将其纳入经济责任制考核之中。

安全知识教育之三级安全教育

在班组安全管理中,安全教育占有十分重要的地位,起着很大的作用,是保证安全生产的重要手段。班组员工通过安全知识教育,可以学到一些科学知识,提高安全生产的操作技能,为安全生产创造了有利条件;随着现代企业的发展,新技术、新设备以及新的操作方法,对员工的知识素质和安全素质的要求越来越高。尤其是那些从事高空建筑、矿山、危险品生产等行业的企业员工,更需要具备系统的安全知识,需要熟练掌握安全生产的技能。

现代企业的员工对于不安全事故隐患,及突发事故等,要有预防和应急处理的能力。为了适应现代化生产经营对生产技能的要求,从业人员必须接受安全生产技术知识和能力的安全生产教育。如今企业都建立了

"三级教育"制度,收到了很好的效果。

所谓"三级教育",是指对于员工定期进行厂级、车间级、岗位或班组级的安全教育。它也是安全生产教育培训最基本的制度。通过"三级教育"安全生产培训,使员工提高了对"安全第一,预防为主"理念的认识,提高了安全责任感。同时,也提高了遵守各项安全生产规章制度的自觉性。在现实中可以看到,一些没有实施"三级教育"的企业班组,员工们的安全意识明显淡薄,而且那里也是安全事故的高发区。

浙江某地有一家无证经营的工厂,生产制鞋刀模,老板是陈某。2003年4月的一天,这家工厂的工人张某,像往常一样紧张地工作着。在工作中,他忽然发现砂轮机的旧砂轮不能使用了,于是,便把旧砂轮换下来,换上一只新砂轮。

然而,开机后才2分钟,只听"嘭"的一声,砂轮崩裂成几块,其中一块飞迸到工人张某的头上,张某当场倒地,鼻孔出血。工场内在场的其他员工迅速将他抬出门外,叫来120救护车,送医院抢救,终因伤势过重,抢救无效死亡。

张某违反了砂轮安装和操作规程。按照安全操作规程,操作工在更换新砂轮时,两边要用夹板和有弹性纸板垫;装好新砂轮后,要试运行空转5分钟,然后才能正式使用。

操作时,操作人应站在砂轮的侧面,而张某更换砂轮时既没有使用夹板,也没有试运转,换好砂轮后,就马上投入使用,并在砂轮的正面进行操作,以至于发生了惨剧。

在上述案例中,工人张某缺乏基本的安全操作知识,工厂老板陈某无证非法开办工厂,没有制定安全管理制度和安全技术操作规程,对工人又不进行安全教育,安全意识淡薄,导致事故发生。这个案例告诉我们,不开展安全教育,必然导致员工安全意识淡薄,安全事故也就不请自来了。以下是安全知识教育的"三级教育"的内容。

1.厂级安全教育的内容

(1)向员工讲说安全生产及劳动保护的意义、任务、内容及其重要性,使员工树立起"安全第一、预防为主"和"安全生产人人有责"的思想意识。

（2）介绍企业新设备分布情况，重点介绍接近要害部位、特殊设备的注意事项等。同时，还要介绍企业最新修订的安全生产规章制度，如安全生产责任制、安全生产奖惩条例、防护用品管理制度，以及防火制度等等。

（3）介绍企业员工安全奖惩条例，以及企业内设置的各种警告标志和信号装置等。

（4）介绍企业各单位典型事故案例和教训，介绍抢险、救灾、救人常识，以及工伤事故报告程序等。厂级安全教育一般由企业生产安全部门负责进行，讲解时，应配以图片，并发放一本浅显易懂的安全生产手册。

2.车间安全教育内容

（1）介绍车间的概况。如车间生产的产品、工艺流程及其特点，车间安全生产组织状况及活动情况，车间危险区域、有毒有害工种情况，车间劳动防护方面的规章制度，以及对劳动保护用品的穿戴要求和注意事项。另外，车间事故多发部位、原因、特殊规定和安全要求，车间常见事故和对典型事故案例的剖析，车间安全生产中的好人好事，车间文明生产方面的具体做法和要求等。

（2）根据车间的特点，介绍安全技术基础知识。如冷加工车间的特点是金属钢削机床多、电气设备多、起重设备多、运输车辆多、各种油类多、生产人员多和生产场地比较拥挤等；要教育工人遵守劳动纪律，穿戴防护用品，小心衣服、发辫被卷进机器，手被旋转的机具擦伤；要告诉工人在装配、检查、拆卸、搬运工件说，防止碰伤、压伤、割伤；调整工夹刀具、测量工件、加油，以及调整机床速度时，均须停车进行。

在清扫铁屑时，不能用手拉，要用钩子钩；工作场地应保持整洁；砂轮表面和托架之间的空隙，不可过大；站立的位置应与砂轮保持一定的距离和角度，应有安全防护措施等。

其他如铸造、锻造和热处理炉房、变配电站、危险品仓库、油库等特殊场所，都应根据各自的特点，对员工进行安全技术知识教育。

（3）介绍车间防火知识。向员工介绍车间易燃易爆品的情况，要害部位及防火的特殊需要，消防用品放置地点，灭火器的性能、使用方法防组织情况,遇到火险如何处理等。

组织员工学习安全生产文件和安全操作规程制度,听从指挥,安全生产。车间安全教育由车间主任或安全技术人员负责。

3.班组安全教育的内容

(1)介绍本班组存在的危险因素。介绍本班组生产特点、作业环境、危险区域、设备状况、消防情况等,重点介绍、高温、高压、易燃易爆、有毒有害、腐蚀、高空作业等方面,可能导致事故发生的危险因素,交代本班组容易出事故的部位和典型事故案例。

(2)讲解本工种、各岗位的安全操作规程和岗位责任。重点强调安全意识,重视安全生产,自觉遵守安全操作规程,不违章作业,爱护和正确使用设备和工具;介绍各种安全活动以及作业环境的安全检查和交接班制度;一旦出了事故或发现事故隐患,应及时报告领导,采取措施。

(3)讲解如何正确使用爱护劳动保护用品。在机床转动时,不准戴手套操作;女工进入车间须戴安全帽,进入施工现场和登高作业时,必须戴好安全帽、系好安全带;工作场地要道路畅通,物件堆放要整齐等。

(4)实行安全操作示范。组织重视安全、技术熟练、富有经验的老员工,进行安全操作示范,重点讲安全操作要领,说明怎样操作是危险的。

经典案例：重视班组制度建设的好班长

李伏龙 1965 年出生于宁夏灵武一个农民家庭，1982 年进入灵新煤矿当了采煤工，一干就是 13 年。1995 年，李伏龙被提为跟班队长，次年又被调往原建井工程处担任采煤一队队长。

刚上任时的李伏龙，感到责任重、压力大。不过，善于走群众路线的他，上任不久便与班子成员反复研究，达到了思想上的一致，即：以安全生产为重点，全面推进管理创新和技术创新，带领全队工人再创辉煌。

1. 抓全队制度建设工作

李伏龙在安全管理工作上，坚持由"人管"向"制度管"的转变。一切工作制度先行，从行为管理到责任落实，对全队各个岗位都制订了严格、详细的安全生产考核制度。

2. 以定岗定员促进安全管理工作

在全队实行定岗定员管理，工人在什么岗、负什么责，并建立相应的奖惩条例，将责权利统一起来，创建了人人重视安全，讲安全的氛围。

3. 以技术推动安全管理工作

面对采煤工作的特点，李伏龙主动寻求技术管理工作与班组安全最佳结合点。从分析采面煤层层理结构、煤质硬度工作入手，现场跟班，亲自到炮组跟班分析和观察爆破效果，最终取得了第一手资料，修订了爆破安全参数。同时，他还亲自在井下监督炮组人员打眼装药，使采面爆破效果获得了明显提高，也为全矿创造了较高经济效益。

4. 全方位监控，杜绝各种跑、冒、滴、漏

在材料管理使用上，李伏龙要求工人严格按照规定领料，并对材料报领、使用流程，进行全方位监控。这样便有效地遏制了各种

跑、冒、滴、漏现象，杜绝了事故隐患，为生产安全奠定了基础。

由于李伏龙重视安全制度的建立和监督，使事故发生率降至零。1999 年至 2005 年，李伏龙同志先后被集团公司、原灵州集团公司、矿授予"安全标兵""安全先进个人""优秀共产党员"等荣誉称号，连续 3 年获得羊场湾二矿、原灵州集团公司"劳动模范"称号。

管理经验：贯彻以人为本的安全理念，创建安全文化

人是企业生产过程中的决定性因素，是安全生产的实践者，安全管理的意义也正是为了人的安全。坚定不移地贯彻"以人为本"的安全理念，是企业建立安全长效机制的前提和基础，也是企业尊重员工基本生存权的具体表现。所以，在安全生产的组织管理中，班组长要始终坚持以人为本的原则，将实现人的价值、保护人的生命安全与健康当作安全管理的基本宗旨。

一、发挥好理念先导作用

健康的心理状况是班组安全文化建设的基础和前提，也最能体现以人为本的思想。不管是班组长还是普通员工，只有心理健康，行为才会安全；只有行为安全，才能保障安全制度落到实处。追求安全是人皆有之的基本需求，可为什么总是有企业会出现各种不安全的事故？不安全操作的现象为什么屡禁不止？最根本的原因就在于心理，就是没有树立正确的安全理念。比如说，盲目地追求效益，强迫或诱使员工违章冒险蛮干；上级组织安全大检查是帮助下级查出隐患，预防事故，这本来是好事，可下级往往百般应付，以避免查出什么问题，一旦查出问题又会想方设法大事化小、小事化了；"我要安全"本来应是员工本能的内在需要，可却变成了管理者强迫员工必须完成的一项硬性指标。诸如此类错误的想法如果不破除，正确的安全理念就无法树立，以人为本的安全文化建设就永远是

一座空中楼阁。

二、发挥好宣传教育作用

企业安全管理最终是要在班组落实的，安全工作的终端是每一个班组员工，而目的是要努力保证他们的人身安全。所以，如何建立起每一个员工的安全意识，使之实现从"要我安全"到"我要安全"的根本性转变，是企业安全文化建设的中心任务。要坚持以人为本的安全方针，营造"人人关注安全"的良好氛围，班组长就必须拓宽宣传教育形式，建立起整体性的、全方位、全过程、全员的安全环境。通过互联网、PPT、电视、音像制品、报刊、板报、标语、横幅、读本等媒体和安全知识竞赛、演讲比赛、文艺演出等形式多样的活动，加强安全生产宣传攻势，做到寓教于乐，使安全生产意识深入人心，安全知识广为传播，潜移默化地规范员工的安全行为，培养员工的安全理念。

三、发挥好亲情感染作用

要促使员工树立正确的安全意识，大道理满堂灌和家长式的训斥都不会有太好的效果，甚至可能产生反作用。要真正深入人心，还是应该注重情感投入，采用亲情教育法就是常用的一种，比如，可以在会议室设立"全家福"样板，把员工亲人的安全企盼写在照片的下面，时时提醒员工牢记亲人的嘱托，还可以运用为员工过生日、送警句、恳谈会、兄弟交心等方法，不失时机、潜移默化地向员工宣传安全思想。

四、发挥好管理规范作用

员工安全素质的高低与班组长的管理方法是有直接联系的。过去，班组长更多依赖的是批评教育以及经济处罚。不可否认，批评和罚款能使违章员工的思想受到触动，但要想以此提高员工安全素质是远远不够的。特别是个别班组长在执行制度过程中方法简单粗暴，很容易使员工在感情上受到伤害，进而对安全管理产生抵触情绪和逆反心理，使经济处罚很难产生实质性效果。因此，班组长应该在严格执行刚性制度的同时，注重柔性管理方法的使用。比如，在企业设置"不规范行为警示台"，让违规者站到台上,将违规经过及危害说清楚,促使其自我反思,自觉遵守规章制度。此外,班组长还要积极发挥模范带头作用,当生产条件达不到安全、危害员工健康时,不能盲目指挥、违章操作。特别是生产条件威胁到员工生命安全时,一定要将员工的安全放在第一位。此外,班组长还要努力为员工创造优美、舒适的工作生活环境,确保员工心情舒畅、精力充沛地去工作。

第 三 章

安全生产基础夯实夯牢——班组长不可不知的安全常识

各类安全生产中应掌握的安全常识

① 起重机械安全常识

- 常见安全事故：倾翻、坠物掉落；触电、感应带电体；挤压碰撞；滑车、脱钩砸人；移动吊物撞人；起重设备误触高压线；提升设备过卷扬；钢丝绳断裂
- 造成事故的原因：作业人不严格执行操作规程；安全技术培训不够；没有重视对起重机械设备的检查、维修和保养；使用有缺陷的起重机械设备

② 焊接安全常识

- 危害因素：电弧光辐射的危害；金属烟尘的危害；有毒气体的危害
- 防护措施：不断改进焊接工艺和材料；改善作业场所的通风状况；加强个人防护措施；强化劳动保护宣传教育以及现场跟踪监测工作

③ 用电安全常识

- 常见的电气事故：触电事故；电气火灾；爆炸；静电危害；电磁场危害；线路故障、设备故障对人体造成的危害
- 电气安全技术：采用安全电压；保证电气设备的绝缘性能；采取屏护；合理选用电气装置；装设漏电保护装置；保护接地与接零

④ 危险化学品安全常识

- 在危险化学品包装上表明警示词
- 作业人员必须掌握简单的救护措施
- 作业周围要贴好应急电话以及国家化学事故咨询电话

⑤ 密闭空间作业安全常识

- 事故原因：缺氧；一氧化碳、硫化氢等中毒；刺激性气体中毒；其他有害气体中毒
- 防护措施：作业前做好监测工作；配备氧气呼吸器或防毒面罩；在密闭空间外安排监护人

第一节　机械安全常识

机械设备的通用安全技术措施

机械设备的危险因素、危险部位是客观存在的，当它"发威"，是相当可怕的。不过，只要给机械安上必要的安全防护装置，采取安全技术措施，加强机械设备的安全监察工作，提高机械设备的安全管理水平，就能够保障作业人的人身安全。同时，也能够保障机械设备安全，延长机械设备的寿命，杜绝重大机械设备事故的发生。

在掌握和熟悉不同情况下的危险因素、危险部位的前提下，就能够水到渠成地使用安全装置和安全技术措施了。反之，就会出现安全管理混乱、事故频发的乱局。下面的案例说明了这一点。

2007 年某日，某石油局试油测试公司试油队某班在开工现场施工，做起压裂管柱施工准备工作。施工时，当班人员把第一根管柱提出井口后，却不能把卸扣卸开，作业人员林某用锚头绳试卸油管扣。在缠绕锚头绳的过程中，由于棕绳起摞，林某用左手将其分开，不料手套和手却被绞在绳子里。由于锚头轮是随滚筒转动的，林某在一瞬间就被滚筒甩起，然后被磕到通井机履带板上，当即造成左臂、双腿及脑部重伤。现场其他作业人员立即将林某送往医院进行抢救，经过近半个小时的抢救，终究回天无力，因脑疝死亡。

在上述案例中，林某在作业时，违章使用锚头绳卸油管螺纹，违反了中油行业《常规修井作业规程第 5 部分：井下作业井筒准备》的第 5.4 条

"不应用锚头绳卸油管螺纹"的规定,铤而走险作业,造成无法弥补的伤亡,令人痛心。中油行业的安全操作规程,是科学的总结,在技术上、实践上是经得住考验的。有些作业人对它视而不见,非要违反不可,只能说无知,当明白过来后,可能已经迟了,没有从头再来的机会了。

所以,对于班组作业人来说,除了不断增强安全生产意识以外,还要学习和掌握通用机械的安全技术措施,充分了解机械设备这只"猛虎"的习性,才能与它和谐地相处。下面介绍几种机械设备的安全技术措施。

1. 采用本质安全技术

(1)避免锐边、尖角和凸出部分对人体的伤害。在每一次作业之前,作业人员要仔细检查机械设备,及其零部件的锐边、尖角以及粗糙的、凸凹不平的表面和较突出的部分,防止开工后,机械设备发生故障,这些部件会对作业人员造成伤害。机械设备在运转时,作业人员应尽量避免接触这些部位。

(2)安全距离的原则。作业人在开工时,应站在所规定的安全距离内;在制订安全距离时,必须考虑使用机器时可能出现的各种状态、有关人体的测量数据、技术和应用等因素。

2. 采用安全防护的措施

制订有效的安全防护措施是防止机械设备在运行时,会产生各种对作业人的伤害。安全防护措施是通过采用安全装置、防护装置或其他手段,对一些机械危险进行预防的安全技术措施。安全防护的重点是操作区、高处作业区、移动机械的移动区域,机械的传动部分、机械的其他运动部分,以及某些机器由于特殊危险形式,需要采取的特殊防护等。此外,具体采用何种手段防护最有效,应根据对具体机械设备进行风险评价的结果,来进行决定。

3. 安全防护装置必须满足与其保护功能相适应的安全技术要求

(1)安全防护装置结构的形式和布局设计要合理,具有切实的保护功能,以确保作业人不受到伤害。

(2)安全防护装置结构要坚固耐用,不易损坏;安装可靠,不易拆卸。

（3）安全防护装置的表面应光滑、无尖棱刺角，不增加任何附加危险，不应成为新的危险源。

（4）安全防护装置不容易被绕过或避开，不应出现漏保护区。

（5）安全防护装置应满足安全距离的要求，使作业人身体各部位无法接触危险。

机械设备的正确使用

当一台新的机械设备安装调试后，应由安装单位派人会同使用单位人员参加验收，安装单位要向使用单位或操作人员进行安全技术交底，经检查验收合格后，新机械设备方可使用。

每一台机械设备都应配有安全防护设施，而提升机械则应有避雷装置、限位器装置、断绳装置、停靠装置等，这些安全防护装置必须齐全、灵敏可靠，并经常或定期进行检查维修保养，保证机械正常运转，机械设备不准带病作业。

操作人要严格按统一规定，持证上岗；专人专机固定操作。实行岗位责任制，按时交接班。机械设备的接地接零要牢固可靠，应设漏电、断电保护器，要求绝缘良好，确保机械及人身安全。

可是，在现实中，有些人忽视安全生产制度，胡乱上岗操作机械设备，由于不熟悉设备性能，造成不可挽回的损失。下面一个案例说明这一点。

一家塑胶工厂的 1 号塑料拌料机主轴承损坏，需要停机修理。维修工李某打开 1 号塑料拌料机的顶盖，准备拆除该机内的拌料臂和机筒。这时他在机边扣钢丝索马口扣，炼胶工易某进入机筒内拆卸拌料臂。

在 2 号塑料拌料机旁，操作工蒋某加完 2 号塑料拌料机的原料，准备启动电机拌料。谁知本来应该按 2 号塑料拌料机的蒋某，此时却鬼使神差地误按了 1 号塑料拌料机的启动按钮，使正在修理中的 1 号塑料拌料机突然启动，正在 1 号拌料机筒内拆卸拌料臂的炼胶工易某，当即发出"啊"的一声惨叫。

他马上按停止按钮,将1号拌料机停下来。大家急忙把在机筒干活的易某抱出来,只见易某已被碾得血肉模糊,停止了呼吸。

在上述案例中,蒋某原是1号拌料机的操作工,因当天1号机发生故障而停机修理;后来,班长将他临时调到2号机来操作。在开启电机时,由于习惯性动作,误将1号配电屏按钮启动,正在机内拆卸部件的员工易某,被1号机内的滚筒碾死。蒋某为什么要启动1号机呢?这完全是习惯使然。在以前,蒋某上岗的第一个动作,就是按动1号机的按钮,然后开始上机操作。

这个小小的细节,使他成为一名错误的"杀手",葬送了同事易某的性命。但这个小小的细节,反映出班组负责人的安全生产意识淡薄,随意调换员工的岗位,使蒋某在不熟悉2号机的情况下,调去操作2号机,最终导致惨案发生。由此可见,员工熟悉并熟练地操作机械设备是关系到生命、财产的大事,不可小觑。以下列举几条如何正确使用机械设备的方法。

(1)作业人在操作机床时,要使用标准的工具。如果不慎损坏机械设备部件或丢失工具时,必须向班组长说明情况,配备齐全后才能操作。

(2)启动机器时,要严格实行检查、发信号、启动3个安全程序;停机时,也要遵循发信号、停止、检查3个步骤。

(3)加工材料的种类、形状等如果发生了变化,要结合自己操作的机械设备实际情况,再考虑是否接受加工,以免引起意外事故。

(4)对机械的传动部位,如皮带轮、传动带、旋转轴、齿轮等,要安装保护罩,以防身体接触而发生碰伤、擦伤等事故。

(5)在对机械设备进行检查、维修或加油、清扫时,要锁上启动装置或挂上标志牌。同时,还要熟悉并正确使用安全装置的操作方法。

(6)在操作大型机械设备过程中,需切断电源开关离开时,需在现场等候一定的时间。

(7)停电时,一定要切断电源开关、拉开离合器等装置,以防再送电时发生意外。

机械伤害的危害因素

在机械设备运行过程中,存在着两大类不安全因素。其中之一便是机械伤害,又被称为机械性创伤、机械性损伤等,它是机械操作或在加工过程中,以各种机械力的方式,直接对人体所造成的一种伤害。在工业生产过程中,机械性伤害十分常见。

机械伤害包括夹挤、碾压、剪切、切割、缠绕,或卷入、或刺伤、摩擦或磨损、飞出物打击、高压流体喷射、碰撞或跌落等危害。机械伤害的危害因素很多,但无论是哪种因素,主要还是操作人的安全意识起着主导作用。下面有一个案例。

2009 年某日,某钢铁研究院有限公司现场指挥部对在建的一个项目进行热负荷投料试车。在试车过程中,员工刘某发现螺旋送料机进料管的堵料处理孔正在朝外面滴水。于是,刘某走上观察平台,将右手伸入螺旋送料机进料管的堵料处理孔内,打算检查一下情况。突然,刘某疼痛地大叫一声,原来,他的右手被送料螺旋绞住了,只好拼命地将右手拽出来。在旁边的另一名员工章某见此情景,赶紧扶着刘某撤离第六平台现场,送往医院救治,右手 3 根手指遭到粉碎性骨折,只好截掉。

在上述案例中,刘某发现堵料处理孔在冒水,按照生产安全操作程序,应该停机进行检修,但刘某没有停机,就贸然用手伸进堵料处理孔内,打算用手去探察一下产生问题的地方,结果被"咬掉"了 3 根手指。这 3 根手指就是刘某违反安全操作规程所付出的代价。

可见,机械伤害虽然猛于虎,但如果按照安全生产操作规程去做,不去贸然向这只"老虎"挑战,也即是违章作业,"老虎"是不会主动扑向操作人员的。机械事故造成的伤害有以下几种。

1. 刀具造成的伤害

如车床上的车刀、铣床上的铣刀、钻床上的钻头、磨床上的磨轮、锯床上的锯条等机械设备零部件,都是加工零件用的刀具。这些刀具在加工零件时,给作业人造成的伤害主要有烫伤、刺伤、割伤等。

2.手用工具造成的伤害

手工用具种类很多,在作业时,作业人通常会受到刺伤、割伤等。

3.机械设备的零、部件在作直线运动时,对人体所造成的伤害。

如切板机的施压部件、冲床、牛头刨床的床头、龙门刨床的床面、锻锤、桥式吊车及升降机构等,这类机械设备的零、部件在作直线运动时,对人体所造成的伤害事故,主要有压伤、砸伤、挤伤等。

4.卡盘、轴、光杠、丝杠等的伤害

机械设备的零、部件在作旋转运动时,对作业人所造成的伤害,主要是绞伤和物体打击伤。

5.被加工的零件造成的伤害

作业时,由于被加工零件固定不牢,而被甩出后,打伤作业人员。如车床卡盘夹不牢,在旋转时将工件甩出伤人,被加工的零件在吊运和装卸过程中掉下来,砸伤了下面的人。

6.电气系统造成的伤害

工厂里或其他场所使用的机械设备,所配备的电气系统,主要包括电动机、配电箱、开关、按钮、局部照明灯以及接零和馈电导线等,电气系统对人的伤害主要是电击。

7.其他的伤害

机械设备除造成上述各种伤害外,还可能造成其他一些伤害。如有的机械设备在使用时,会伴随着产生强光、高温,还有的会释放出化学能、辐射能等物质,以及噪声、尘毒危害物质等,这些对人体都可能造成一定程度的伤害。

机械设备的危险部位

在工业生产中或在一些工地上,一些转动机械的外露传动部分,如齿轮、轴、履带等,以及这些转动机械的往复运动部分,都可能会对人体造成机械伤害。这类有机械设备的危险部分,对人体所造成的机械伤害,也是工厂中最常见的伤害之一。

容易造成机械伤害的机械、设备,包括运输机械、掘进机械、装载机械、钻探机械、破碎设备、通风、排水设备、选矿设备等,这些设备上通常都有转动部位,而这些转动部位是造成机械伤害的"罪魁祸首",是"猛虎"的血盆大口,作业人在作业时,要提高警惕,严格按照安全生产操作规程去作业,使"猛虎"没有可乘之机。但现实中,偏偏有些人铤而走险,置安全生产制度于不顾。

杨某在一家工厂的皮带输送机岗位上当操作工,2011 年月某日,他进行交接班前检查清理。

但是,过了很久,捅煤工章某仍然没有看到皮带输送机把煤送来;于是,他到受煤斗处检查;捅煤后,却发现皮带机皮带跑偏,就地调整无效,便向 3 号皮带机的尾轮部位走去;在离机尾不远处,看到有一把折断的铁锹,却未见杨某本人;此时,章某意识到情况不妙,当即停下皮带机,并报告班长。班长来到现场后,发现头部受伤的杨某,正趴在 3 号皮带机尾轮下;杨某被立即送向医院,但经抢救无效死亡。

从现场勘察情况推断,杨某是在清理皮带机尾上沾煤时,铁锹被运行中的皮带卷住,又被皮带甩出,碰到机尾附近硬物折断,杨某本人未迅速将铁锹脱手,被惯性推向前,头部撞击皮带机后而死亡。

在上述案例中,操作工杨某违反了安全生产操作规程中"运行中的机器设备不许擦拭、检修或进行故障处理"的规定,在未停车的情况下,擅自处理机尾轮沾煤,最终导致重大事故发生。皮带机在运转时,如果擅自"亲近"它,它是不会领情的,反而会震怒,使你流血,甚至粉身碎骨。所以,操作人员要清楚地了解到这一点,不要贸然去"亲近"正在运转的机械,如果非要去动手触摸,或近距离查看、拆卸等,必须采取关掉电源、停车等安全措施。下面介绍几种机械设备的危险部位。

1. 机械设备上旋转部件和成切线运动部件间的咬合处

如动力传输皮带及滑轮、链轮、链条、齿轮、齿条等。

2. 机械设备上旋转的轴

此外,还有卡盘、芯轴、圆形心轴、连接器、丝杠、杆等。

3.机械设备上的旋转的凹块和孔处

如飞轮、风扇叶、凸轮等,这些含有凸块或孔洞的机械设备上的旋转部件,在运动时是很危险的。

4.机械设备上对向旋转部件的咬合处

如混合辊、齿轮、轧钢机等。

5.机械设备上的旋转部件和固定部件的咬合处

如辐条轮或飞轮和机床床身,旋转搅拌机和无保护开口外壳搅拌装置等。

6.接近类型的机械设备部位

如锻锤的锤体、动力压力机的滑块等。

7.通过类型的机械设备部位

如金属刨床的工作台及其床身、剪切机的刀刃等。

8.单向滑动的机械设备部位

如带锯边缘的齿,砂带磨光机的研磨颗粒、凸式运动带等。

9.旋转部件与滑动部件之间的转换

如某些平板印刷机面上的机构、纺织机床等。

第二节　起重机械安全常识

常见起重机械事故

在机械行业中,起重岗位是高危岗位,稍有不慎,就会发生机毁人亡的重大伤亡事故。所以,操作人员在作业时,要把遵守安全生产操作规程,当作爱惜自己生命来看待。

常见的起重机械事故有坠落、倒塌、倾翻、挤压、撞击、折断、钩挂、出轨、触电等。

如发生在作业现场的高空坠落、滑车碰人、脱钩砸人、移动吊物撞人、钢丝绳断裂抽人、钢丝绳挂人等伤亡事故,发生在起重机械的使用和安装过程中的倾翻、出轨、过卷扬等设备事故。

此外,还有起重机械设备误触高压线或感应带电体触电等。造成这些事故的主要原因,一是操作不当;二是设备质量发生问题;三是环境所致。

2004 年某日,在某大桥工地上吊运斜拉索,技术员伍某、工人蒙某在地面指挥,塔吊工周某进行塔吊操作,将斜拉索吊运到主梁上,在完成斜拉索吊运后,塔吊转回原地点吊运另一根斜拉索。这时被大桥安装完毕的斜拉钢绳阻挡,塔吊工周某在操纵变幅小车向前运行,想要翻越该钢绳时,变幅小车突然失去控制,连同调重钢缆绳冲向调臂前端,造成吊臂前端严重超载折断。由于塔机上部回转剩余部分严重失去平衡,而向后倾翻,塔吊工周某随塔吊操作室一同坠落在地上,在紧急送往医院途中死亡。

在上述案例中,塔吊工周某在操纵变幅小车向前运行时,连同塔吊操作室一同摔落在地,造成机毁人亡的重大事故。塔吊之所以出现故障,是由于员工平时疏忽了对塔式起重机定期进行安全检查。如果检查后发现问题,就可以进行维护检修,该更换的要立即更换,不至于使起重机带病运行。

除了定期进行安全检查,还要加强对在用起重机械的管理,建立安全技术档案,发现起重机构存在异常情况时,必须及时处理;班组应加强对起重机械使用,及指挥人员的专业知识和安全技术培训,提高他们对意外情况的应变能力。起重机械的常见事故大致有以下几个方面。

1. 吊物坠落

起重机械的吊索有缺陷,如钢丝绳被拉断、平衡梁失稳弯曲、滑轮破裂而导致钢丝绳脱槽等。在吊装时,捆扎货物的方法不当,如吊物重心不稳、绳扣结法错误等,还有因超载而导致死亡事故发生等。

2. 触电

在作业时,作业人如果稍不留意,使得起重机吊臂碰触高压架空线路,即可造成作业人伤亡。另外,作业人在进入桥式起重机驾驶室之前爬梯时或维修人员修理设备时,也有因触及电气线路,而被电击。

3.挤压碰撞

作业人为了图方便,站在起重机和结构物之间或在两机之间指挥作业,因机体运行、回转等,与作业人的身体发生了挤压;其次是吊物或吊具在吊运过程中晃动,造成作业人员从高处坠落或被击伤。

事故大都与人的不安全行为有关。

1.作业人不严格执行操作规程

现实中,作业人如果缺乏安全意识,不顾高空作业的安全规定,最终机毁人亡,酿成大祸。

2.安全技术培训教育不够

有的班组添置新的起重机械后,作业人员未经安全操作培训就上岗,技术生疏,且平时也不注意按照安全要求去操作,很容易发生事故。

3.没有重视对起重机械设备的检查、维修和保养

一些班组不能严格遵守机械设备的安全维护制度,有的甚至根本没有建立此项制度,不能及时发现和消除设备隐患和缺陷,致使起重机械带病运行,难免会造成事故。

4.使用有缺陷的起重机械设备

一些单位为了节约资金和成本,在添置新的机械设备时,选用质次价廉的起重机械,给今后的作业留下了事故隐患。有的单位不按照安全要求安装安全防护装置或因安全装置质量不佳,也容易造成事故的发生。

5.忽视小型工程和轻负荷作业

在一些作业场所,上级和技术人员等都很重视大型吊装工程或特异物件的吊运,而对一些轻负荷的起吊作业,则放松了要求和安全管理。一些作业人员为了加快进度,往往身兼数职,加班加点,甚至违章作业。所以,轻负荷起吊作业的伤亡事故往往比重负荷作业要多。

起重作业造成伤害的主要因素

在作业现场,起重机械作业有时会出现机毁伤人的事故。这类事故

最常见的有以下几类。

(1)倾翻。

(2)坠落。

(3)脱钩砸人。

(4)滑车砸人。

(5)提升设备过卷扬。

(6)钢丝绳断裂。

(7)移动吊物撞人。

(8)起重设备误触高压线。

(9)感应带电体。

(10)触电。

起重机械设备在作业时,出现以上这些事故的原因,是多方面的,但主要因素分为操作因素、设备因素、环境因素等3大因素。其中,操作因素是最主要的。下面案例说明了这一点。

小顾是一家企业的立式机床操作工,从来没有干过起重的工作,当然也就没有起重机械操作人员的资格证书。不过,不妨碍他跨工种操作起重机械。

这天,小顾见起重工不在,便擅自启动电动单梁起重机,将一块重约5吨的钢工件从一车间吊运到二车间,放在不平整的钢板上。他觉得起重工的活太简单了,根本不把它当一回事儿。因此,在未取下行车吊钩的情况下,他便使用气刨手工对工件下部进行作业。当钢工件的下翼被气刨刨开后,整个钢工件变得重心不稳了。瞬间,下部工件突然倒下,压在小顾的身上,现场的员工赶紧跑过来,把小顾送到医院抢救,但已经回天无力,可怜刚才还活蹦乱跳的小顾,一转眼就永远地与同事们告别了。

在上述案例中,小顾没有经过起重工专门的技术操作和安全作业的培训,也没有取得特种作业操作资格证书。然而,他却认为起重工的工作很简单,而事故也离他很遥远,因此"敢于"违章操作,竟然擅自起吊工件,并在起重行车吊挂重物时,直接对重物进行加工,而他头顶上的"钢工件"对他也不客气,偏偏突然落下来,不偏不倚地砸在他的头上,事故就在这一瞬间发生了。所以,在操作起重机械之前,有必要先了解一下起重作业造成伤害的主要因素。

1. 操作因素

(1)起吊方式不当、捆绑不牢造成的脱钩、起重物散落或摆动伤人。

(2)违反操纵规程,如超载起重、人处于危险区工作等造成的员工伤亡和设备损坏,以及因司机不按规定使用限重器、限位器、制动器或不按规定回位、锚定造成的超载、过卷扬、出轨、倾翻等事故。

(3)指挥不当、动作不协调造成的碰撞等。

2. 设备因素

(1)因吊具失效而引发事故的。如抓斗、钢丝绳、吊钩、网具等吊具被损坏,而造成重物坠落。

(2)因起重设备的操纵系统失灵或因安全装置失效而引起事故的。如制动装置失灵,造成重物的冲击和夹挤。

(3)因构件强度不够而引起事故的。如塔式起重机在作业时突然倾倒,其原因是塔身的倾覆力矩超过其稳定力矩所致。

(4)因起重机械设备上的电器损坏。如造成触电事故等。

(5)因啃轨现象而造成行车跑偏而引发桥式起重机出轨事故等。

第三节　焊接安全常识

焊接与热切割作业的危险有害因素

焊工作为企业的特殊工种,实用性和普及性强,只要有金属制作的地方,都会出现焊工的辛劳身影。焊工与高温分不开的,因此他们几乎每日都挥汗如雨,是最辛苦的工作之一。同时,他们每日也要与有毒气体相伴,与强光、红外线、紫外线等结缘。

有些长期焊接和气割钢材的焊工,会慢性锰中毒。因为使用锰焊条或焊接锰钢材、气割锰合金钢材等,会产生大量含锰的烟尘,工人们吸进肺里后,临床表现以锥体外系神经系统症状为主,且有神经行为功能障碍和精神失常。

此外,电焊产生的强光、红外线、紫外线,以及焊接中的电子束所产生的X射线,也会直接影响焊工的身体健康。

2006年某日,一家选煤厂的员工王某、张某,在班长李某的带领下,正忙着更换煤机上的溜槽,当他们气割旧溜槽时,割炬出现漏气。班长李某让王某停下来修理割炬,但王某为了赶任务,仍继续割除剩余不多的溜槽钢板。

一会,割炬突然发生回火,调节轮处冒出的火苗把王某的右手烧伤起泡,氧气胶管接头处爆裂并着火。李某见此情景,赶紧跑过去折起握紧氧气管和乙炔管,并让张某关闭乙炔瓶和氧气瓶阀门,才没有发生更大的事故。王某的右手在这次事故中被烧伤。

在上述案例中,焊工王某为了尽早完成工作任务,没有将已经漏气的割炬处理好,却仍然让漏气的割炬"带病"工作,引起割炬的"不满",造成回火伤人,这也许是对王某不及时消除安全隐患、违章作业的一个嘲讽和惩罚。在这个案例中,王某没有充分认识到本工种危险有害因素,掉以轻心,结果受到了不大不小的"回报"。

焊工在焊、割金属材料的作业中,会产生放射物质、高频电磁场、有毒气体、弧光辐射、金属烟尘、噪声等有害因素。在特殊环境下的焊割作业,如在高空、封闭的容器内作业,会发生爆炸、中毒、触电、窒息、灼烫、火灾、灼伤、高处坠落等伤害事故。当然,这是有条件的,如焊割中存在缺陷,安全可靠性得不到保证,或在作业时不注意安全,违反操作规程等,就会造成危及本身和其他作业人员的安全及财产损失的重大事故。

1.电弧光辐射的危害

电焊工在焊接时,所产生的电弧光主要包括红外线、紫外线、可见光。其中紫外线主要通过光化学作用对人体产生危害,它损伤人的眼睛及裸露在外的皮肤,引起角膜结膜炎,即电光性眼炎和皮肤胆红斑症。患者主要表现为眼痛、流泪、眼睑红肿痉挛、畏光等症状。人体在受紫外线照射后,皮肤可出现界限明显的水肿性红斑,严重时可出现水泡、渗出液和浮肿,并有明显的烧灼感。

2.金属烟尘的危害

电焊工使用不同的焊条进行焊接,所散发出的电焊烟尘的成分因此有所差异。焊条是由焊芯和药皮组成的。焊芯除含有大量的铁外,还有铬、镍、碳、锰、硅、硫、磷等成分;药皮内材料主要由锰铁、萤石、金红石、纯碱、水玻璃、大理石等物质组成。

焊接时,电弧放电产生 4 000 ℃～6 000 ℃高温,在熔化焊条和焊件的同时,产生出了大量的烟尘,主要含有氧化锰、二氧化硅、氧化铁、硅酸盐等成分。在作业环境中,电焊烟尘粒弥漫,极易被吸入人的肺内。电焊工长期吸入这种烟尘,会造成肺组织纤维性病变,即称为电焊工尘肺,而且常伴随锰中毒、氟中毒和金属烟雾热等并发症。患者主要表现为胸痛、胸闷、气短、咳嗽等呼吸系统症状,并伴有全身无力、头痛等病症,肺通过气功能也有一定程度的损伤。

3.有毒气体的危害

在焊接电弧所产生的高温和强紫外线作用下,弧区周围会产生大量的有毒气体,如一氧化碳、臭氧、氮氧化物等。

(1)一氧化碳。它是一种无味、无色、无刺激性气体,极易与人体中运输氧的血红蛋白相结合,而且极难分离。因而当大量的血红蛋白与一氧化碳结合以后,氧便失去了与血红蛋白结合的机会,使人体输送和利用氧的功能发生障碍,造成人体组织因缺氧而坏死。

(2)臭氧。它是一种无色、有特殊的刺激性气味的气体,对呼吸道黏膜及肺有强烈的刺激作用。焊工在短时间吸入 0.4 mg/m³ 低浓度的臭氧时,即可引起胸闷、咽喉干燥、咳嗽、食欲减退、疲劳无力等症状,长期吸入低浓度臭氧时,则可引发肺气肿、支气管炎、肺硬化等。

(3)氮氧化物。它是一种有刺激性气味的有毒气体,其中常接触到的氮氧化物,主要是二氧化氮。它是一种红褐色气体,有特殊臭味。当它被人体吸入时,经过上呼吸道进入肺泡内,逐渐与水起作用,形成硝酸及亚硝酸,对人的肺组织产生剧烈的刺激与腐蚀作用,会引起肺水肿等病症。

焊接作业中的个人防护措施

安全生产管理包括两个方面的内容:一是要预防作业人工伤事故的发生,即预防爆炸、触电、机械伤害、火灾、金属飞溅等事故;二是要预防职业病的危害,如防毒、防尘、防射线、防噪声的侵害等。

由于焊工是一个高危的岗位,因此在作业过程中,班组和作业人尤其需要进行安全保护,创造出一个安全、卫生、舒适的作业环境,把作业人与作业中的危险因素和有毒因素隔离开来,以保证安全生产,以及作业人的健康和生命安全。反之,不重视自我防护,就会出现慢性中毒,甚至发生窒息、烧伤、炸伤、触电等重大事故。下面一个案例说明了这一点。

2012年某日,某地发电厂进行机组大修,锅炉检修工王某在汽包内安装旋风子分离器时,不慎将一个旋风分离器的固定销子掉入汽包。与外置汽水分离器的水联通管中,为取出这个销子,他先用磁铁送入管内寻找,但没有成功。后来,又决定采用割管的办法取出销子。

当天下午将这段管配好,王某和徒工监护并配合焊工马某进行恢复焊接。由于施焊地点是管道和炉墙护板,十分狭窄,通风不好,加上室温又高,3人的衣服都被汗水浸透,决定先回班休息一会再干。

在进行第二遍焊接时,马某焊完了第二根焊条,便没有了动静。王某急喊徒工协助,一起将马某抬出,放在平台上,立即对马某施行人工呼吸,后急送医院抢救,却已无生命体征。

在上述案例中,焊工马某虽然不是在汽包内进行作业,但工作场所周围是管道和炉墙护板,作业地点狭窄,又处在高温季节,马某的衣服已被汗水浸湿,并直接与锅炉的护板及周围的管道紧贴在一起。在施焊时,电流从汗湿的管道和炉墙护板迅速通过紧贴着的马某全身,引起触电,造成马某死亡。

这个事故暴露焊工马某在作业时,忽视了个人防护。没有严格按照《安全生产操作规程》热机部分第四百八十五条规定:"在锅炉汽鼓、凝汽器、油槽以及其他金属容器内进行焊接工作,认真做好防止触电措施"。由此可见,焊工在作业时,个人防护是十分重要的。

1. 不断改进焊接工艺和材料

现代企业通过提高焊工的焊接技术,逐步在各类焊接作业中实现机械化、自动化焊接操作,使作业人与焊接环境相隔离,消除电焊烟尘散发的有害气体对人体的危害。通过改进焊接工艺,如合理设计焊接容器的结构,采用单面焊、双面成型新工艺,避免焊工在通风极差的容器内进行焊接,使焊工的作业条件得到极大的改善。

此外,企业还可以选用 CO 技术,它能够使电焊烟尘离子荷电就地抑制,即使 80%～90% 的电焊烟尘被抑制在工作表面,实现就地净化烟尘,减少电焊烟尘污染。由于电焊产生的危害,大多与焊条药皮成分有关,所以通过改进焊条材料,选择无毒或低毒的电焊条,也是降低焊接危害的有效措施之一。

2. 改善作业场所的通风状况

通风方式可分为自然通风和机械通风。焊工在自然通风较差的室内、封闭的容器内进行焊接时,可以选择机械通风,依靠风机产生的压力来换气;这样一来,通风不好的环境,除尘、排毒效果就变得比较好。

3. 加强个人防护措施

电焊工在作业时,必须使用相应的面罩、防护眼镜、口罩、手套,穿白色防护服、绝缘鞋,切不可只穿短袖衣或卷起袖子作业。如果在通风条件差的封闭容器内工作,还要佩戴使用有送风性能的防护头盔。焊工只要注意加强个人防护,完全可以阻止焊接时所产生的有毒气体和粉尘对自己的危害。

4.强化劳动保护宣传教育,及现场跟踪监测工作

班组应经常对电焊工进行必要的职业安全卫生知识教育,提高焊工自我防范意识,降低职业病的发病率。同时,还应加强电焊作业场所的尘毒危害的监测工作,以及电焊工的体检工作,及时发现和解决问题。

第四节　用电安全常识

电气安全技术

在现代生活和生产中,电能的使用可以说是无处不在,它给人类的生活带来极大的便利,增添了色彩。但是任何事物都有两面性,电能在给人类送来福音的同时,又对人类构成威胁:一旦触电,会造成伤亡,电气事故还会引起火灾、毁坏生活、生产设施、设备。

所谓电气事故,主要包括触电事故、电气火灾、爆炸、静电危害、电磁场危害等,因线路故障、设备故障对人身安全造成危害的。由于物体带电难以为人们觉察,因而更具有危险性、隐蔽性。为了消除电气事故这个"阴险的杀手",电气安全技术便应运而生。

2002年某日,在上海的一处工地上,水电班班长葛某,安排工人杨某、周某到施工楼层开凿电线管墙槽。周某在某单元房卫生间墙槽时,由于使用手提切割机时不留神,电源线被切割机切破,但周某没有发现这个隐患,当即触电昏倒在地。另一位现场作业人员杨某见此情景,赶紧将周某送往医院,然而,却因抢救无效,当晚周某便死亡。

在上述案例中,周某在作业时,由于使用手提切割机操作不当,将电源线割破,从而触电身亡。生活中不能没有电,从这一点来说,电是多么有用。但是,电又是"惹不得"的阴险、狠毒的家伙,只要触摸它一下,它就会要你的命。所以,在与电打交道的时候,一定要懂得一些电气安全技术。

在生活和生产中，尽管发生各种各样的触电事故，但最常见的，是偶然触电。不过，即使偶然触电也具有一定的规律，只要能够掌握其规律，采取相应的安全措施，触电是可以避免的。

1. 采用安全电压

采用由特定电源供电的电压系列，可以防止触电事故；这个电压系列的上限值，两导体间或任一导体之间都不得超过交流，即频率为 50～500 Hz，有效值为 50 V。

国家标准规定：安全电压额定值的等级为 42 V、36 V、24 V、12 V、6 V。当电气设备采用了超过 24 V 电压时，就要采取防触电的防护措施。

手提照明灯、携带式电动工具，应采用 36 V 安全电压。在狭窄或行动不便的工作地点作业，以及周围有大面积接地导体的环境，如金属容器内、隧道内等，应使用 12 V 电压的手提照明灯。

采用安全电压后，在安全电流范围内的电流，一旦通过人体，也不会发生伤亡情况，从而在一定程度上保障了人身安全。

2. 保证电气设备的绝缘性能

使用绝缘材料将带电导体封闭起来，使之不能被人身触及导体，从而保证人身安全。一般使用的绝缘材料有橡胶、胶木、塑料、云母、陶瓷、布、纸、矿物油等，如电工在作业时，要穿上绝缘靴、鞋等。

但绝缘有时也会遭到破坏，有的是机械损伤，有的是电压过高或绝缘老化产生电击穿。因此，必须使电气设备的绝缘程度保持在规定范围内。此外，使用绝缘电阻把电气设备的泄漏电流限制在很小的范围，可以防止漏电引起的事故。不同电压等级的电气设备，有不同的绝缘电阻要求，并要定期进行测定。

3. 采取屏护

用护盖、箱盒、遮栏、护罩等，把带电体与外界隔绝开来，以减少人员直接触电的可能性，这是一种常见的防止触电的办法。

4. 保证安全距离

在带电体与带电体之间、带电体与人体之间、带电体与地面之间、带电体与其他设施和设备之间，设置一定的安全距离。安全距离的远近，是由电压的高低、设备的类型及安装方式等因素所决定的。采用这个方法，可以有效地防止人、物误撞上带电体，引起触电。

5.合理选用电气装置

如在干燥少尘的环境中，可采用开启式或封闭式电气装置。而在潮湿和多尘的环境中，应采用封闭式电气装置。在有腐蚀性气体的环境中，必须采用封闭式电气装置。在有易燃易爆危险的环境中，必须采用防爆式电气装置等。要根据周围环境的需要，选择适合的电气装置。

6.装设漏电保护装置

采用漏电保护装置可以防止由于漏电而引发触电、火灾，还可以监视、切除电源一相接地故障。有的漏电保护器还能够切除三相电机缺相运行的故障。

7.保护接地与接零

(1)保护接地。具体做法是把用电设备的金属与接地体连接起来，在电源为三相三线制中性点不直接接地，或单相制电力系统中，应设保护接地线。接地电阻值越小，越能把带电体的对地电压控制在安全电压范围内。但在电源为三相四线制变压器中性点直接接地的电力系统中，是不可单纯采取保护接地措施的。

(2)保护接零。采用这个方法，是在正常情况下，把电气设备不带电的金属部分，与电网的零线紧密地连接起来。在电源为三相四线制变压器中性点，直接接地的电力系统中，应采用保护接零。

因为在中性点直接接地的系统中，一旦设备漏电，触及设备的人体将承受近 220 V 的电压，是很危险的，采取保护接零这一安全措施，就可以消除这一危险。

接地装置广泛地选用自然接地极，当需要提高系统接地性能时，应采用人工接地极。自然接地电阻不得超过 $4\ \Omega$，电阻超过 $4\ \Omega$ 时，则可采用与大地有可靠连接的建筑物的金属结构，或敷设于地下的水管路等，以此用为自然接地极。而地下氧气管道和乙炔管道，或易燃易爆气体管道等，应严禁用来作为自然接地极。

电气防火和防爆

企业、施工场所发生的火灾、爆炸事故中,电气火灾和爆炸事故,占有较大的比例。电气火灾和爆炸事故威力巨大,一旦发生后,将会给人身安全带来灾难性的后果,给国家、企业的财产带来重大损失。因此,掌握电气防火和防爆的安全技术措施,防止电气火灾和爆炸事故的发生,是保护财产和人身的安全必不可少的。

2002 年某日,广西某处矿井像往常一样正在繁忙的生产着,当班有82 人在井下工作,井下调度员忽然发现前面的变电所里冒出了一股浓烟,烟雾越来越大。于是,他跑到通往其他的采区向地面调度汇报,要求停电停风。这时,地面调度接到他的报告后,立即通知电工停止地面主扇运转和向井下供电。此外,又向主管安全的矿领导作了汇报。当救援队赶来时,火势已经变得十分凶猛。这次特大电气火灾事故,造成 30 人死亡,直接经济损失达两千万元。

事后,有关方面对事故原因进行了调查。原来是采区变电所变压器超负荷运行导致电缆加速老化、绝缘性能降低、温度升高,产生电弧火花,点燃积存在地板上的高压防爆配电箱漏出的绝缘油及渗漏在地板上的变压器油,引发了电气火灾事故的发生。

在上述案例中,已经老化的电缆产生电火花,点燃了渗漏的变压器油,酿成了一场重大火灾事故。如果该矿井建立健全机电设备维护检修制度,配备技术熟练、责任心强的技术人员,变电所设专人值班,安排值班人员巡回检查要害部位,就能够及时发现隐患,这次重大电气火灾事故是可以避免的。可见,在使用电能的地方,电气防火和防爆是非常重要的。防止电气火灾和爆炸应做到以下几点。

1. 选用防爆电气设备

有些施工场所的环境隐含爆炸性的可能,在这些场所进行电力设计时,应尽量把电气设备安装在危险性较小或非爆炸性的环境中。特别那些在正常运行时,可能会发生电火花的设备,要安装在这种危险性较小或非爆炸性的环境中。

而在隐含火灾危险的施工环境中,所安装的表面温度较高的电气设备,应远离可燃物。此外,在满足工艺生产及安全的前提下,应尽量减少防爆电气设备的使用量。

隐含火灾危险的施工环境下,最好不要使用电热器具,如果非用不可,那么,应该用非燃烧材料将其隔离开来。

如果要安装防爆电气设备,应有防爆合格证。另外,可在建筑上采取措施,如采用隔墙法等,把爆炸性环境限制在一定范围内。

2.选用合适的防火防爆电气线路

(1)敷设电气线路时,一般应在危险性较小的环境或远离存在易燃、易爆物以及释放源的地方。防火防爆电气线路,应沿建筑物的外墙敷设。

(2)隔离法。分室安装电气设备,并在隔墙上采取封堵措施,以防止爆炸性混合物进入安全环境中。将工作时会产生火花的开关设备,安装在墙外等危险环境范围以外的地方,如室内光线太暗,可以在室外安装灯具,给室内照明。

(3)保持良好的通风。在隐含爆炸危险的环境,要注意保持良好的通风。因为良好的通风装置,能够降低爆炸性混合物的浓度,从而降低环境的危险等级。

通风系统要采用非燃烧性材料来制作,结构要坚固牢靠,连接处要紧密。此外,通风系统内不应有阻碍气流的死角。

(4)电气灭火。

①触电危险和断电。一旦发生电气起火,现场人员千万不要惊慌,首先要镇静地切断电源。为了争取灭火时间,防止火灾扩大,才能给自己生路、使财产少受损失。

②充油电气设备的灭火。充油电气设备的油,闪点通常在 130 ℃～140 ℃,易燃易爆,有较大的危险性。起火时,可用二氧化碳、干粉灭火器带电灭火,就能把设备外部的火扑灭;如果火势较大,应果断地切断电源。

第五节 危险化学品安全常识

危险化学品分类及特性

化学品的基本特性是易燃易爆、有毒有害；而某些化学品这类特性更为明显，对人、物构成巨大的威胁。因此，员工在作业时，如果接触这类危险的化学品，一定要了解它的特性、危害性，注意做好自身防护工作。

2010 年某日，某地一家化工厂的沉铜工序员工赵某，在给原料添加硫酸时，因避让运行的天车而后退了几步，脚踩到脚踏板上的阀门手柄，不慎将手中浓度达 98％的硫酸溅出。由于在上岗前，没扣紧安全面罩，安全面罩松脱。这时裸露的左侧脸部、额头被硫酸泼溅，形成大面积烧伤，颈部也有点块状灼伤。

在上述案例中，员工赵某在给生产原料添加硫酸时，由于自我安全意识淡薄，在上班前没有带好安全面罩，以至于在硫酸发生泼溅时，自己的脸部和颈部被硫酸烧伤。赵某之所以发生这样的事故，是没有充分了解到在与化学品打交道时，要一丝不苟地做好自我防护工作，否则这些化学品就会像猛兽一样对自己造成伤害。

1. 爆炸品

在受热、受压、撞击等外界作用下，能够发生剧烈的化学反应，在一瞬间便会产生大量的气体和热量，使周围的压力急剧上升，从而发生爆炸，对人和周围环境造成破坏。

爆炸品都具有化学不稳定性，在一定外界因素的作用下，会产生剧烈的化学反应，主要特性如下。

（1）对撞击、摩擦、温度等非常敏感。当爆炸品爆炸时，需要外界给它提供"起爆能"。而最小的起爆能,即为该爆炸品的敏感度。敏感度是确定爆炸品爆炸危险性的一个非常重要的标志,敏感度越高,则爆炸危险性越大。

(2)有的爆炸品还有一定的毒性。TNT、硝化甘油、雷汞等,都具有一定的毒性,在爆炸时,会散发出有毒的气尘。

(3)与碱、盐、酸、金属等发生反应。有些爆炸品与酸、碱、盐等一些化学品产生化学反应,而反应的生成物,则是更容易爆炸的化学品。如苦味酸与某些碳酸盐,能反应生成更易爆炸的苦味酸盐;苦味酸如果受到铜、铁等金属的撞击,会立即发生大爆炸。由于爆炸品具有以上特性,因此在储运中要避免撞击、颠簸、摩擦、震荡。严禁与酸、碱、氧化剂、盐类、钢材料器具、金属粉末等,混储混运。

2.易燃液体、易燃固体

易燃液体系指易燃的液体、液体混合物或含有固体物质的液体,但不包括由于其危险特性已列入其他类别的液体,其闭口试验闪点等于或低于61 ℃。

易燃固体系指燃点低,对热、撞击、摩擦敏感,易被外部火源点燃,燃烧迅速,并可能散发出有毒烟雾或有毒气体的固体,但不包括已列入爆炸品的物品。

液体、固体易燃化学品的主要特性如下。

(1)高度易燃性。易燃液体、固体遇火、受热,以及和氧化剂接触时,都会发生燃烧,它的闪点和自燃点越低,发生着火燃烧的危险就会越大。

(2)易爆性。由于易燃液体的沸点较低,当挥发出来的蒸气与空气相混合后,浓度易达到爆炸极限,一旦遇到火源,就会发生爆炸。

(3)高度流动扩散性。易燃液体的黏度一般都很小,很容易渗出容器壁外。泄漏后也很容易蒸发,形成的易燃蒸气比空气重,能在坑洼地带积聚,从而增加了燃烧爆炸的危险性。

(4)易积聚电荷性。甲苯、苯、汽油等易燃液体,电阻率都很大,很容易积聚静电而产生静电火花,造成火灾事故。

(5)受热膨胀性。易燃液体受热后体积容易膨胀,蒸气也会随之升高,膨胀系数比较大,从而使密封容器中内部压力增大,造成爆裂。在容器爆裂时,会产生火花而引起燃烧爆炸。因此,易燃液体应避热存放,在灌装时,容器内应留有5%以上的空隙。

3.有毒品

有毒的化学品进入人的肌体后,如果累积达到一定的数量,就能与体液和器官组织发生生物化学作用或生物物理学作用,扰乱或破坏人的肌体的正常生理功能,引起人体某些器官和系统暂时性或持久性的病理改变,甚至危及人的生命。

危险化学品包装标识

企业在生产销售危险化学品的同时,通常会提供附在化学品包装上的标签,也称之为包装标识。它用简单和通俗的文字、图形,表述有关化学品的危险特性,及其安全处置的注意事项。在危险化学品货物出厂前,生产企业要把安全标识粘贴、挂拴、喷印在包装或容器的明显位置。如果要改换包装,也由改换单位重新粘贴、挂拴和喷印。包装标识既是向用户传递一种安全信息,也警示搬运人员在搬运过程中,要进行安全操作和处置。

国家颁布的《化学品安全标签编写规定》中明确指出:安全标识应以文字、图形符号和编码的组合形式,以此表示化学品所具有的的危险性和安全注意事项,具体包括:物质名称、警示词、危险性概述、编号、危险性标识、安全措施、灭火方法、生产厂家、地址、电话、应急咨询电话等。此外,还提示参阅安全技术说明书等内容。

吴某是某地一家企业的油漆工。这天,班长安排他去一个大型储罐内刷防腐漆,但这个储罐内没有任何安全防护设施,也没有任何警示标志。吴某进入罐内作业不久,由于油漆发出的大量刺激味道,再加上储罐内缺氧,他很快昏迷过去。当外面的工友发现后,有一位姓张的工人自告奋勇地下罐去救助。没想到，张某下去后也没有上来，其他工人见此情景，立刻拨打 119 报警，并找来气泵对罐内进行供气，保持罐内的空气量。

当消防人员到达现场后，发现该储罐只有一个入口，且入口直径只有 50 cm 左右。由于吴某在罐内刷油漆，罐内充满了浓烈的油漆味。消防人员设法把二人救出来时，吴某已经重度昏迷，张某的神志也处在不清醒的状态。虽经医生全力抢救，但由于吴某在储罐里长时间严重缺氧，最终不治身亡。

在这个案例中，该企业没有在有毒有害的储罐前竖立警示标识，当班长安排吴某进入储罐刷油漆时，也未对吴某做安全操作和化学品的自我防护及中毒急救等业务知识培训。此外，也没有配备必要的劳动防护措施。

俗话说："思想决定行动"，该企业的班长、员工对油漆的化学特性缺乏应有的了解，而且又忽视了在通风程度很差的储罐内作业的危险性，没有采取任何安全措施，所以才发生了一死一伤的重大事故。如果班长和吴某充分了解油漆在近似于密封的储罐里，会大量挥发出有毒气体，那么，他们一定会采取通风等措施，来改善一下作业环境。所以，当接触化学品时，要先花一点时间，了解一下化学品的特性，这样对自我防护很有好处。

1. 化学品和其主要有害组分标识

中文和英文的通用名称、分子式、化学成分及组成、联合国危险货物编号、中国危险货物编号，分别用 UNNO 和 CNNO 表示。

2. 警示词

化学品包装上通常采用警示词来提示，根据该化学品的危险程度，分别用"危险""警告""注意"3 个词进行警示。当某种化学品具有一种以上的危险性时，就会采用危险性最大的警示词。警示词一般粘贴在化学品包装的名称下方，要求醒目、清晰。

3.危险性概述

化学品危险性的简要概述,通常是指燃烧、爆炸、有毒性等,对人体健康和环境的所造成的危害。

4.安全措施

这种提示包括在化学品的搬运、储存和使用作业中,所必须注意的事项和在发生意外时,应采取的简单有效的救护措施等,突出简明、扼要的内容。

5.灭火提示

如果该化学品是易燃物质,应写出有效的灭火剂和禁用的灭火剂,以及灭火应注意的事项。

6.批号

化学品包装标识上,要注明生产日期及生产班次。生产日期用××××年××月××日表示,班次用××表示。

7.应急咨询电话

应在化学品包装的标识上填写生产应急咨询电话、国家化学事故应急咨询电话等。

8.其他

化学品包装的标识上应填写生产厂或公司的名称、地址、邮编、电话等。

第六节　密闭空间作业安全常识

常见密闭空间及其职业中毒原因

员工在施工现场作业时,有时会在密闭空间进行作业。这种特殊的密闭空间,通常是与外界相对隔离的,它自然通风不良,进出口受限,有的只能容纳一人进入。在这样的密闭空间进行非常规、非连续作业的空间有限,要防止中毒或窒息。常见的密闭空间如下。

1.封闭、半封闭的空间

储罐、反应塔、船舱、浮筒、冷藏车、槽车、沉箱及锅炉、压力容器、管道等。

2.地下密闭空间

地下室、地下仓库、地坑、涵洞、矿井、废井、隧道、沟、井、池、下水道、地下管道、地下工事、暗沟、地窖、沼气池及化粪池、建筑孔桩、地下电缆沟等。

3.地上密闭空间

粮仓、烟道、发酵池、垃圾站、储藏室、酒糟池、温室等。

在这些密闭的空间里,常常有残留的或弥漫着的有毒气体,如果没有戴上防护面具、防护手套,千万不要贸然进入。最安全的办法,是先对密闭空间内空气进行检测,然后再决定是否可以进入。否则,就有中毒的危险。

2002年某日,某市有一家工厂因污水过滤罐停水检修,检修班长安排两名工人进入罐里检修作业。不料,两名检修工先后晕倒在罐内。这时,站在罐外监护的工人,见此情景后,立刻进入罐内抢救,谁知进入罐内抢救的两名工人也晕倒在罐内。在不到1个小时内,竟然有4个鲜活的生命倒在罐内,再也不能站起来了。

事后,该市公安部门对尸体进行了检验,确定这4人都是因窒息而死。该厂检测部门也对污水过滤罐中的气体,进行了采样检测分析,发现其氮气含量高达68.95%、二氧化碳为1.78%,而氧气含量仅为5.05%。

在上述案例中,污水过滤罐中氮气的含量过高,而当空气中氮含量超标时,就会使人引起吸入氧不足,时间一长就会窒息。这家工厂在进入罐内检修之前,没有对罐内的气体进行检测,就让4名工人贸然进入,结果就稀里糊涂地丢了性命。

因此,员工在密闭空间作业都存在中毒、窒息的危险,从现实中发生的事故来看,原因主要有以下几种。

1.缺氧

人只有在不断地吸入氧气时,才能存活下去;当密闭空间内的空气中氧的浓度小于 6%时,作业人员就会在几分钟内窒息死亡。

2.一氧化碳、硫化氢等中毒

作业人员在密闭空间内直接吸入一定量的一氧化碳、硫化氢等有毒气体,就会中毒而死。

3.刺激性气体

密闭空间内,积存着窒息性或刺激性气体,当此类气体的浓度超过限值时,就会引起作业人员职业中毒。

4.其他有害气体

密闭空间内含有过量的挥发性溶剂蒸气,及其他任何含有立即威胁生命或健康的气体,也会对作业人员造成身体伤害。

密闭空间作业中,引发事故的危害因素往往是看不见、摸不着的,缺乏这方面安全知识的班组长、班组员工,往往很难事先意识或察觉到的。因此,很多密闭空间作业的安全事故,往往因盲目救人,而导致伤亡进一步扩大,实在使人痛惜。

密闭空间作业注意事项

密闭空间的面积不在于大小,而在于它的出入口是否受到限制或通风状况是否很差。如果答案是肯定的,那么,就应属于密闭空间。如水塔、水井、油罐、槽车、船的低舱、盛装物品的筒仓、大水箱、下水道等,都属于密闭空间。

而在这些空间里,通常只有一个很小的出入口,没有其他的通风空隙,通风程度差,有些企业的储罐,还残留着有毒气体。因此,当作业人员或其他进入空间的人,必须在事先对空间内的气体、通风程度,做一个科学的检测,穿戴安全护罩,然后才能进入。否则,就会发生意外。

某处大楼的地下室二层消防水池尚未竣工,2013 年的一天,工地上的建筑工人林某进入消防水池内作业。不料,竟晕倒在水池内,工友郑某发现后,打电话向班长曾某报告,曾某立即找施工员王某等人一起赶到消防水池边。这时,他们发现林某和郑某两人都倒在水池内。

曾某立即准备进入消防水池救人,在场工人劝他说下面太危险,不能贸然施救。但曾某仍沿着水管向下攀爬到消防水池里,弯下腰去拉躺在池底的郑某,并喊着郑某的名字。不一会,他也倒下不能动弹了。

在井口上面的王某呼喊着曾某的名字,但曾某没有回应,于是,他立即向公司领导打电话汇报。在场人员也赶紧报警,有人腰系保险带由工友监护进入消防水池救人,但因感到严重不适,不得不由工友拉回到上面。消防、医护人员接到报警后,迅速赶赴现场开展施救工作。但 3 名伤者终因中毒程度太深,经抢救无效死亡。

在上述案例中,进入密闭的消防水池作业的林某,事先没有做任何安全防护,也没有在消防水池内实施通风措施,终因水池内部二氧化碳超标、氧气含量不足,而晕倒在水池内。工友郑某和班长曾某发现后,也在没有采取任何安全防护措施的情况下,盲目进入消防水池施救,也相继窒息在水池内,最终这 3 人不治而亡。这个教训告诫我们,当进入密闭的空间之前,一定要做好防护工作。否则,就会在瞬间失去生命。在进入密闭空间作业时,应注意以下事项。

1. 进入前做好检测工作

在企业里,有些班组承担着进入密闭空间作业的任务,这时,班组长必须事前请示上级管理者与生产安全部门,在生产安全部门派专人用仪器检测后,确定没有危险,再采取相应的个体防护措施,如穿戴防护罩、现场有监护人等,方可进入。

在有些偏远的工地上,由于缺乏检测仪器,可以在进行密闭作业前,放一只小白鼠或小鸟等动物,进入密闭空间内探路。如果这些小动物能够在密闭空间内回来,就意味着密闭空间内氧的浓度适中,有毒气体的浓度也不超标，人可以进入。否则，作业人应慎重进入，以免发生事故。

2.配备氧气呼吸器或防毒面具

进入密闭空间内的作业人员，要配备氧气呼吸器或防毒面具等个体防护装备，以防万一。

3.密闭空间外应有监护人

在进入密闭空间作业时，至少两人一组，另有监护人。当一名作业人员进入密闭空间内作业时，应携带信号良好的通信工具，系好安全绳；另一人和监护人作业人员也应配备应急照明设备、救生索等，在外面注视监察，要相互看得见或听得见，万一发生意外时，能够采取适当的救护措施。

第七节　矿山井下和露天开采安全常识

矿山地下开采及事故预防

矿山地下开采的生产过程是一个很复杂的工程，它综合了测量、地质、安全、管理、爆破、运输、动力、掘进、开拓、通风、排水、提升等各项工作和科学技术。因此，矿山开采一般须经过设计、基本建设等程序后，再通过竣工验收，才能投入正常生产。

矿山在建设和开采过程中，生产的各个系统，生产作业环境、管理组织技术措施、生产设备、设施都必须符合安全需要，不能发生事故，导致人员伤害或造成设备财产损失。

《矿山安全法》及有关法律法规、安全规程等，都对矿山建设和矿山生产安全生产都作了一系列的规定，要求矿山地下开采必须具备矿山安全开采的条件。

2005 年，某地一家小煤矿不具备基本安全生产条件，却非法组织生产。这一天，该煤矿的一口井停工休息一天，关停局部通风风扇，结果使该井区域瓦斯积聚严重超标。

次日早晨 7 时，白班工人陆续到达井口，当班入井 60 人。但工人们却都没有经过检身登记，也没有携带自救器，而井下也竟连一名专职瓦检员和安全员都没有，施工现场也没有进行瓦斯检查。矿工下井后，自行到各煤层的作业点作业。

井下因无独立完善的通风系统，积聚的瓦斯排释缓慢。过了一个多小时，在该区域作业的无放炮员资格的矿工张某，用放炮器启动放炮，因放炮母线裸露短路，而产生了火花，引发了瓦斯爆炸。当场造成 21 人死亡，7 人受伤，张某也死于这场瓦斯爆炸中。

在上述案例中，这家小煤窑无证开采，矿井基本没有安全管理，也没有制订安全生产规章，从业人员无章可循，从而导致重大伤亡事故。可见，矿山无证开采，就是视生命财产如儿戏，是万万不能怀侥幸之心的。只有严格遵循安全生产规程，在开采之前或在开采之中，处处采取安全防范措施，才能把事故消灭在萌芽状态。

1. 冒顶片帮事故的预防

在井下采矿生产中，冒顶片帮事故比较常见。发生冒顶片帮事故的原因，是由于岩石不够稳定，加上强大的地压传递到顶板或两帮时，岩石支撑便遭受到破坏，就会发生冒顶片帮事故。

在井下巷掘进中，有时会遇到岩石情况变坏，有断层破碎带时，如不及时加以支护或支架数量不足，都会容易引起冒顶片帮事故。

在冒顶事故中，大部分都属于局部冒落或浮石砸死、砸伤人员的事故。这些都是由于矿山负责人事先缺乏认真、全面的检查，疏忽大意等原因造成的。

爆破后 1～2 小时的这段时间里，一般多发生冒顶事故。这是因为井下顶板受到爆炸的冲击和震动，会产生新的裂缝或者使原有断层和裂缝增大，破坏了顶板的稳固性，而这段时间，往往又正好是工人们在顶板下作业的时间。

永久支架与掘进工作面之间的距离,最好不要超过 3 m;如果顶板松软,这个距离还应缩短。此外,在掘进工作面与永久支架之间,还必须架设临时支架。这样才能有效防止掘进工作面的顶板冒落。

另外,要加强工作面顶板的管理,定期检查所有井巷的顶板,如果发现有弯曲、歪斜、腐朽、折断、破裂的支架等,要及时予以更换或维修。此外,还要选择合理的支护方式,支护要及时、不要在空顶下作业。井下支架要有足够的强度,可以采用喷射混凝土支护、锚杆支护、锚喷联合支护等方法,维护采场和巷道的顶板。

2. 冒顶事故时的自救和互救

(1)遇险时,应迅速撤退到安全地点。如果发现工作地点出现冒顶的征兆,当时又没有更好的措施防止采面顶板冒落,最好的防范措施,是迅速离开危险区,撤到安全地点。

(2)遇险时,要靠帮贴身站立或到木垛处避灾。采面发生冒顶时,顶板通常不会沿岩壁冒落,因此当发生冒顶后,又来不及撤退到安全地点时,作业人应靠岩帮贴身站立避灾,但要注意帮壁片帮伤人。另外,在冒顶时,可能会将支柱压断或摧倒,但在一般情况下,不可能将质量合格的木垛压垮或推倒。所以,如作业人所在位置靠近木垛时,可撤至木垛处避灾。

(3)遇险后,应立即发生呼救信号。冒顶对作业人的伤害,主要是砸伤、掩埋或隔堵,当冒落基本稳定后,作业人应立即采用呼叫、敲打。如果敲打物料、岩块后,可能会造成新的冒落时,就不能敲打,只能采用呼叫等方法,发出有规律、不间断的呼救信号,以便救护人员和撤出人员了解灾情,组织力量进行抢救。

(4)员工在遇险时,要积极配合外部的营救工作。当冒顶发生后,一旦作业人被岩石、物料等埋压,不要惊慌失措,不要以猛烈挣扎的办法脱险,应维护好自身安全,设法构筑脱险通道,配合外部的营救工作,为顺利脱险创造良好条件。

3. 防止瓦斯积聚的措施

(1)加强检查工作。对各用风地点的通风状况和瓦斯浓度及时进行检查,查明隐患进行处理。我国 20 世纪 80 年代就使用甲烷警报器、热放式甲烷检定器、光学甲烷检定器、甲烷遥测警报仪等甲烷检查仪器。20世纪90年代以后,开始使用比较先进的 TX 系列智能便携式气体监测仪、遥测仪器等。

(2)抽放瓦斯。有些矿井煤层的瓦斯含量较大,应进行瓦斯抽放,以此降低煤层及采空区的瓦斯涌出量。

(3)加强通风。《煤矿安全规程》规定的瓦斯浓度,即采掘工作面的进风风流中不超过 0.5%,回风风流不超过 1%,矿井总回风流中不超过 0.75%,要使瓦斯浓度降低到这些数据以下。

4.防止瓦斯引燃的措施

(1)瓦斯抽放站、井口房、主要通风机房周围 20 m 内,要禁止使用明火。

(2)瓦斯矿井要使用安全照明灯,井下禁止携带烟草及点火工具,并禁止打开矿灯。

(3)严格管理井下火区。

(4)严格执行放炮制度。

(5)掘进工作面的局部通风机管理工作,局部通风机要设有风电闭锁装置。瓦斯矿井的电气设备要符合《煤矿安全规程》关于防爆性能的规定。

(6)防止机械摩擦火花。机械摩擦火花很容易引燃瓦斯爆炸,而井下采矿机械化程度正不断提高,煤矿井下由于摩擦火花,引起的瓦斯爆炸事故很多。因此不少矿井在摩擦部件的金属表面,溶敷一层活性小的金属,这样即使摩擦火花形成了,也不会引燃瓦斯的。如在铝合金的表面涂各种涂料,以防止摩擦火花的发生,或在金属中加入少量的铍,以此降低摩擦火花的点燃性等。

矿山露天开采及事故预防

露天开采是矿山用一定的采装运设备,在敞露的空间里进行开采作业。露天开采分为机械开采、水力开采、人工开采、挖掘船开采等。露天开采所形成的采坑、台阶、露天沟道的总和称为采矿场。

露天开采通常是一个阶段一个阶段地向下剥离岩石，采出有用矿物。露天开采成本低，建设速度快，劳动生产率高，矿石回收率高，贫化损失小，具有比井下开采劳动条件好、工作安全等诸多优良条件。

露天开采的生产流程包括采剥工作面穿孔、装药爆破、装车、运输，矿石运至破碎场或选矿场，岩、土运至废石场。其中的三个重要环节是掘沟、剥离、采矿，而露天矿下降速度的快慢、新水平准备时间的长短，主要决定于掘沟速度。通常情况下，为保证露天矿持续正常的生产，在空间和时间上，掘沟、剥离和采矿三者之间，应保持一定的超前关系，遵循"采剥并举，剥离先行"的原则组织生产。

露天开采的主要安全问题是：爆破作业安全问题、机械运行时的安全问题、交通运输的安全问题、用电的安全问题、边坡稳定、防排水的安全问题、阶段构成的安全问题等。在这些环节中，都必须严格遵循安全生产规程去作业，任何微小的疏忽，都可能带来不可挽回的巨大损失。

2011 年某日，某地一家矿山正在爆破开采。综采班长张某带领工人进行爆破，同时要求调度员通知在爆破点附近的作业人员和瓦斯抽放泵房作业人员撤离。

当现场有关人员撤离后，矿领导下达了放炮的指令；张某接到指令后，没有向生产指挥中心汇报，就直接给放炮员下达了放炮指令，以至于生产指挥中心调度员尚不清楚瓦检员刘某是否已撤至安全地点。在爆破时，正在现场工作的瓦检员刘某，由于没有接到生产指挥中心调度员的撤离通知，被当场炸死。

此次综采工作面实施爆破，违反了"放炮请示生产指挥中心调度员，确认相关人员已全部撤离"综采工作面放大炮管理规定，酿成重大事故。

在上述案例中，按照露天开采安全规定：综采工作面放炮前，必须向生产指挥中心汇报所有区域人员撤离情况，听从生产指挥中心的最后指令，方可实施爆破。但综采班长张某在爆破时，却对执行相关安全规定打了折扣，导致重大伤亡事故发生。为使事故消灭在萌芽状态，解决露天矿开采上存在的诸多事故隐患，从根本上杜绝和降低事故发生率，应从以下几个方面入手。

1. 不可盲目开采

在露天采剥工作面开工前,班组必须编制安全作业规程,经矿山企业负责人批准后施行。开采露天矿时,必须严格按照设计规定,控制采剥工作面的阶段高度、宽度和坡面角,不可盲目开采。

2. 加强安全生产教育

要经常对班组员工进行安全常识教育,同时,配合进行事故案例教育,用血的教训去说服和感知员工。

3. 规范开采

(1)按照安全生产规定,设置齐全的警报器和避炮房。

(2)开采区线路的架设要符合规范,对于老化的电线,要及时更新。

(3)井下禁止使用报废车辆及机械设备,并要按规定申报安全检测。

(4)作业人员保护用品必须配备齐全。

(5)开采面坡度应控制在规范要求的 70°～75°。

(6)要及时平整阴山坎,宕面顶部表土剥离要符合规定要求,一般应保持在 2 m 以上,并随开采进度及时向前推进。

(7)作业场地要按照要求合理利用,堆料要及时清理,场地积水应及时排除;建立地面防水、排水系统,防止地表水泄入露天采场;还要防止山洪冲毁生产、运输系统、建构筑物;防止排土场矸石场尾矿库发生泥石流;防止山体滑坡、边坡滑落。

(8)生产宕面与建筑物、道路等要留出 300 m 以上的安全距离,每次爆破的宕口浮石一定要清理彻底。

(9)爆破用导火索长度一定要符合规范要求,达到 1.2 m 以上。

(10)及时申报作业环境安全检测,除年检外,发生重大险情应随时报检,以便科学排除事故隐患。

4. 提高安全素质

班组长要接受相关安全知识培训,并取得《安全资格证》。班组作业人员应根据工种不同,参加相关的专业培训,取得相应的《特种作业人员操作证》,禁止无证上岗和违法作业,为从根本上杜绝不安全作业奠定基础。

5.加大安全监察力度

矿山开采企业一般都地处偏僻,较为隐蔽,监察难度较大。也正因为此,一些法制观念淡漠的人胆大妄为,只要钱不要命,置法规于脑后,使得死亡事故屡屡发生。所以,要加大对矿山开采企业的监察力度,强制其依法开采、规范作业。

经典案例:搞好安全首先要掌握安全知识

李师傅是一名采煤班长,自从担任了班长,他在工作中积极履行"排头兵"的职责,把安全生产放在第一位,始终以踏实的工作态度,严谨的工作作风,为公司的安全作出了积极的贡献。

十几年前,李师傅刚参加工作,在安全知识方面几乎是空白。后来,在老师傅传授的基础上,从了解安全常识起步,通过多方渠道,自我充电,弥补不足。很快从一个安全知识的门外汉,成为一名安全专家。不仅掌握了井下作业的安全理论知识,还对各种井下机械、设备、设施的性能、安全操作等了如指掌。

由于掌握了安全知识和操作,他在带领全班工人进行安全生产时显得得心应手。

每天早上,他都提前来到作业现场,逐一进行安全检查,对检查出的安全隐患,限期进行整改。平时,只要有空余时间,他都协助安全员在巷道内测空气质量、搞通风设施、排巷道浮石、检查安全隐患。

老李对井巷的安全情况了如指掌:哪里的岩层较松软、哪里发生污风回旋、哪里的顶板在下雨时容易滴水、井巷掘进了多长等。有一次,公司增设了一台新设备,试运行安全管理难度较大,公司领导决定派熟悉设备安全知识的老李到现场跟踪管理,老李二话不说,就带了几名工人来到了现场。

由于现场高空作业多、危险源点多,加上作业面大,立体交叉作业多,给安全管理工作带来很大困难。在这种条件下,他加大了施工作业现场检查力度,依靠扎实的设备和安全管理知识,很快查出了一百多项安全隐患,除立即要求整改外,对整改时间长的隐患,下发隐患整改通知书限期整改,实现隐患整改率100%,保证了安全目标的实现。

　　老李工作的现场拥有岗位 50 多个，大小设备近千台。技改项目多，动火面大，尤其是消防重点萃取车间槽架改造，急需动火，而萃取、反萃取槽内，都不同程度有有机相，属于易爆、易燃物品，因此，现场监护尤为重要。

　　老李对于焊接作业中的危险点，进行认真分析，制订了周密的安全防护措施。严格执行萃取车间管理制度：关闭通信设备、进入该车间严禁携带火种、必须穿着工作服或防静电服等。这样，便保证了槽架改造任务的顺利进行。

　　班组员工在老李的影响下，也都主动学习设备和操作中的安全知识，并把这些知识运用到自己的工作中去，从而推动了班组安全生产工作的深入开展。

管理经验：做好安全管理必知的基本常识

　　安全管理的基本常识，是保证生产过程中的安全性所必备的，也是班组长必须让员工牢牢掌握的，这些基本常识归纳起来，主要有以下几点。

一、在岗人员的"九个必须"

（1）必须树立"安全第一"的思想。

（2）必须穿戴好劳动保护用品。

（3）必须严格按照规程操作。

（4）必须服从领导听指挥。

（5）在岗位时必须勤了望、勤联系。

（6）工具必须对号入座，放在指定位置。

（7）必须坚守岗位。

（8）必须保持岗位文明卫生。

（9）发现隐患必须及时报告。

二、操作人员的"六个严格"

(1)严格进行交接班,并办好交接手续。

(2)严格进行巡回检查。

(3)严格控制工艺指标。

(4)严格执行操作票。

(5)严格遵守劳动纪律。

(6)严格执行有关安全规定。

三、班组生产调度的"五不准"

(1)危险作业未经审批,不准作业。

(2)设备安全防护装置不全、不灵,不准使用。

(3)新工人未经三级安全教育,不准上岗。

(4)特种作业人员未经安全培训、取证,不准独立操作。

(5)劳动组织、人员调配、作业方式不符合安全要求,不准违章指挥。

四、进入容器、设备的"八个必须"

(1)必须申请,并得到批准。

(2)必须进行安全隔绝。

(3)必须进行置换、通风。

(4)必须按时间要求,进行安全分析。

(5)必须佩戴规定的防护用具。

(6)必须在器外有人监护。

(7)监护人员必须坚守岗位。

(8)必须有抢救设备和措施。

五、下班离岗前的"十要"

(1)电闸要拉下断开。

(2)门窗要关严锁牢。

(3)热源处不堆放易燃易爆物品。

(4)怕光晒的物品要遮盖好。

(5)液流开关要关闭。

(6)各种用具要清点后收齐放好。

(7)易燃易爆物品要注意通风良好,不得超量存放。

(8)夏冬防雷、防雨设施要保证完好,沟渠要保持畅通。

(9)冬季取暖设备的泄水阀要保持正常。

(10)火种要妥善处理好。

第 四 章

安全隐患，逐一消灭——安全生产管理危险因素的辨识

辨识危险源的基本步骤

1. 确定本企业危险源的性质

2. 确定本企业的经营场所、地理位置、经营活动的过程

3. 确定选用适合本企业危险源的分类原则

4. 确定选用适合本企业危险源的识别方法

5. 在本企业的所有活动场所中进行危险源辨识

第一节　危险源的概念与分类

危险源的概念

危险源是指一个系统中具有潜在能量和物质释放危险的、可造成人员伤害、在一定的触发因素作用下,可转化为事故的部位、区域、场所、空间、岗位、设备及其位置。对危险源的控制,实际就是消除其存在的事故隐患或防止其出现事故隐患。

改革开放以来,随着国家经济的迅猛发展,各地化工企业日益增多,经济发达区域还开辟了化学工业园区,这些化工生产企业、生产区储存或拥有易燃易爆、有毒有害和腐蚀性的物料量较多,是重大危险源区。由于一些生产企业、生产区缺乏合理的规划布局,因此存在着重大危险源过于集中的现象。一旦重大危险源失控,不仅会发生火灾、爆炸和中毒等重大事故,还可能诱发连锁安全事故,造成灾难性的后果。近年,国内外都有诸多这样的案例。

1993 年某日,我国南方某城市的一家危险物品储运公司下属的化学危险品仓库,发生了一起特大爆炸事故,造成 15 人死亡,200 多人受伤。

1 号仓库里堆放着过硫酸铵危险品,忽然冒烟起火,引燃了仓内的一些可燃物,从而发生了第一次爆炸;爆炸接着又摧毁了 2 号、3 号、4 号连体仓,爆炸发出的强大冲击波破坏了附近货仓,使多种化学危险品被燃烧的火焰持续加热,5 号、6 号、7 号连体仓也接着发生了第二次爆炸。爆炸冲击波造成更大范围的破坏，爆炸后的黄磷、燃烧的三合板及其他可燃物，使火灾的蔓延更加迅速扩大，引燃了距离爆炸中心200 m处木材堆场的木质地板块、干货仓。事故直接经济损失近3亿元。

在上述案例中，化学危险品仓库所堆放的过硫酸铵就是危险源，库房管理人员应当重点加以防范，尤其是防止某个库房出现爆炸后，防止引起连锁爆炸。在预防中，应采取隔离措施，这样即使某个库房出现事故，不至于"殃及池鱼"，造成事故扩大化。

从全国范围来说，石油、化工、危险品库房等一些危险行业就是一个或大或小的危险源。而从一个企业系统来说，可能是某个车间、岗位，即是危险源所在之处，一个车间系统可能是某台设备、某一个岗位的危险源。因此，分析危险源，应按系统的不同层次来进行。通常来说，危险源可能存在事故隐患，也可能不存在事故隐患，对于存在事故隐患的危险源，一定要及时加以整改，否则随时都可能导致事故发生。

危险源的分类

危险源的安全管理不到位，可能引发重大事故，导致生命财产损失、工作环境破坏。实际生活和工作中的危险源很多，存在的形式也比较复杂，但由于员工对危险源的专业知识了解不够或安全防范意识不强，就难以清晰地准确地去辨识。只有辨识清楚了身边的危险源，才能知道它对自己和国家财产所构成的威胁程度。

一般来说，按照事故发生、发展过程中，危险源的因素所起的作用，划分成类别，然后对身边的危险源进行辨识，在此基础上提高安全防范工作的自觉性，才能预防重大事故的发生。

2005年的某日，某地一家石化厂的当班操作工在停车时，由于疏忽大意，没有及时关闭一个阀门，导致预热器及附属管线进料系统的温度超高，时间一长，引起爆裂。这时负压操作的一座塔里被抽进了空气，引起爆炸，随后致使相连的两台储罐及附属设备，也跟着相继爆炸。由于爆炸现场火势在不断增强，从而引发了装置区内的两台硝酸储罐爆炸，并导致与该车间相邻的罐区内一台硝基苯储罐、两台苯储罐也发生了燃烧。

这次爆炸事故中,有8人死亡,60人受伤,直接经济损失近7 000万元。爆炸中泄流出去的危险品严重污染了附近的江水,全城被迫停水数天。

在上述案例中,某地石化厂生产的产品属于危险品,由于当班操作工在操作时,没有按照操作规程,及时把阀门关上,一座塔里被抽进了空气,结果引起设备连锁大爆炸。如果当班操作工平时充分认识到身边危险源的危险性,以及它产生事故后的危害性,就会在操作过程中关注每一个细节,不敢疏忽大意了。

员工如果要做到充分认识危险品的危险性,首先必须熟悉危险源的分类。安全科学理论根据危险源在事故发生、发展过程中的作用,把危险源划分为以下两大类。

1. 依据引起事故的直接原因的分类

(1)物理性的危险、有害因素。如电磁、电、火、振动、噪声、粉尘、信号缺陷、设备缺陷等。

(2)化学性的危险、有害因素。如有毒物质、易燃物质、腐蚀性物质等。

(3)生物性的危险、有害因素。如传染病的媒介物、可以导致疾病的微生物等。

(4)生理、心理性的危险、有害因素。如过度紧张、感觉延迟、辨别错误、体力超负荷、听力超标、冒险等。

(5)行为性的危险、有害因素。如操作失误、错误指挥、违章作业等。

(6)其他有害、危险因素等。

2. 依照事故类型的分类

依照《企业职工伤亡事故分类》事故类型分类共有16种,它们分别是以下几种。

(1)坍塌。

(2)放炮。

（3）触电。

（4）中毒。

（5）淹溺。

（6）窒息。

（7）灼烫。

（8）火灾。

（9）物体打击。

（10）车辆伤害。

（11）机械伤害。

（12）起重伤害。

（13）意外坠落。

（14）火药爆炸。

（15）化学性爆炸。

（16）物理性爆炸。

（17）其他伤害。

此外，国内对于危险源的分类，还有其他的方法和原则，如工业生产作业过程的危险源一般分为 7 类。

1. 辐射类

放射源、电磁辐射、射线装置、装置等。

2. 化学品类

易燃易爆性、毒害性、腐蚀性等危险物品。

3. 特种设备类

锅炉、压力容器、压力管道、电梯、起重机械、客运索道、大型游乐设施、厂内专用机动车。

4. 电气类

高温作业、高空作业、高电压或高电流、高速运动等非常态、静态、稳态装置或作业。

5. 土木工程类

矿山工程、铁路工程、公路工程、建筑工程、水利工程等。

6.交通运输类

火车、飞机、汽车、轮船等。

7.生物类

微生物、传染病病原体类、动物、植物等危害个体或群体生存的生物因子。

第二节　危险源辨识内容及方法

危险源辨识的方法

危险源辨识方法大致有几十种,在根据不同的对象和要求的基础上,进行总结和提炼,然后形成了这些方法。如预先危险性分析、危险和操作性研究、安全检查表、故障类型、影响性分析、事件树分析、故障树分析等。它们有其各自的特点,也有各自的适用范围或局限性;因此,班组应针对企业和自己的具体情况,选择适当的辨识方法,也可采用多种方法相结合,对企业危险源和班组的实际情况进行分析,取长补短,取得更加可靠的结果。

2011年某日,某地的工业园区内有一家五金厂要迁移,几名工人拆迁企业门口的一根旗杆。这根旗杆是不锈钢制作的,要进行氧割。当他们在氧割这根旗杆时,旗杆突然倒向一边,正好倒在了旁边的高压线上。强大电流立即通过旗杆,扶住旗杆的那名员工触电身亡,尸体被烧成焦炭,而另外两名员工也被弹开受伤,被送到医院抢救。电力部门火速赶到现场,立即切断了电源。

在上述案例中,不锈钢旗杆倒在附近的高压线上,致使扶住旗杆的那名员工触电而亡。这起悲剧完全是可以避免的,一是当初在竖立旗杆时,不应选择离高压线较近的地方;二是在拆迁旗杆时,要考虑到附近的高压线这个危险源,从而做好应急准备。

当然,像高压线这样的危险源还是比较容易辨识的,其他如一些成分复杂的化工危险源,比较难以辨识,应采取专业方法辨识。

1. 安全检查和安全检查表法

班组在企业领导的支持下,对企业或班组所需作业的危险源,进行各种形式的安全检查,以此辨识危险源和提高安全程度。这种方法主要是利用已编制好的检查表,对工作场所和环境进行细致的、按图索骥式的安全检查。

2. 专家咨询法

班组可以邀请相关部门的专家、技术人员,听取他们的意见和观点,请他们对企业或班组所需作业的危险源进行诊断。因为运用专家咨询法对涉及专业技术领域的危险源的识别是非常必要的。事实上,在生产技术已经变得至关重要的今天,企业在进行危险源识别时,请教相关领域的专家是必需的。

3. 访谈法

在企业内,班组可以有针对性地对不同岗位上非常有经验的员工展开调查,听取他们的意见,从他们的意见中分析危险源。不过,由于其中充满了受访者的主观认识和经验,可能会使这一结果不够客观,需要有其他方法来补充。但这种方法,不失为是进行危险源识别和调查的一种简单易行、快速直接的方法。

4. 观察法

班组可以邀请专业技术人员,对工作场所、环境、活动过程等进行观察,以便发现危险源。虽然观察法也是一种简单易行的方法,但这完全依赖于某一位专业技术人员的知识和经验,容易产生遗漏。

5. 问卷调查法

班组可以通过调查问卷,对企业的各种人员进行调查,而不只是通过某一危险源岗位有经验的人来调查。

6. 岗位分析方法

班组可以对各种岗位的工作活动进行危险源的辨识,从中发现危害员工健康安全的因素。

除了上述的几种方法之外,还有一些常用的危险源辨识方法,如危险和可操作性研究、危险指数法、故障类型和影响分析、事故假设分析法、事故树分析、事件树法、人员可靠性分析等等。

危险源辨识与风险控制

在班组的安全管理中,认识本企业工作环境中的危险源,是开展班组员工安全管理工作的重要环节。本企业的危险源或称之为本企业工作环境中的危险因素、有害因素等,换一句话说,那些能使人和物受到损害的因素,也即是危险的因素,那些能使人的身体健康受到损害的因素,就是有害的因素。

危险源里包括了所有这些可能造成伤害、损害以及损失的因素。要想有其针对性地辨识危险源,最好在员工安全管理过程中进行,主要是辨识和发现那些可能对员工健康与安全造成损害和危险因素。

20 世纪 90 年代末的某日,在某地一家化工厂的储罐区,操作工胡某由铁路罐车经油泵往储罐卸轻柴油时,因为开错阀门,轻柴油流进了满载的石脑油储罐,导致石脑油从罐顶排气口大量溢出。溢出的石脑油及其油气,在扩散过程中遇到明火,产生了第一次爆炸和燃烧,又引起罐区内乙烯储罐和其他储罐的燃烧爆炸。最终导致一场特大爆炸和火灾事故的发生,死亡 9 人、伤 39 人,直接经济损失近两亿元。

在上述案例中,由于操作工胡某开错一个阀门,导致发生了一场重大事故。胡某所在的化工厂的储罐区,储存着大量的危险品,是一个时刻可能产生重大事故的危险源。胡某理应对此有清醒的认识,从而在操作过程中谨小慎微,严格按照安全操作规程去做。但可惜的是,胡某却粗心大意,致使危险源这个"笼中之虎"被释放出来,危害不浅。

班组对员工进行危险源危害性的安全教育,要建立在发现和辨识危险源的基础上,首先要对基本的危险源有所了解,对不同类型的危险源有所认识。只有对身边的危险源充分了解和认识了,才能警觉起来,增强执行安全制度的自觉性。辨识的程序如图 4-1 所示。

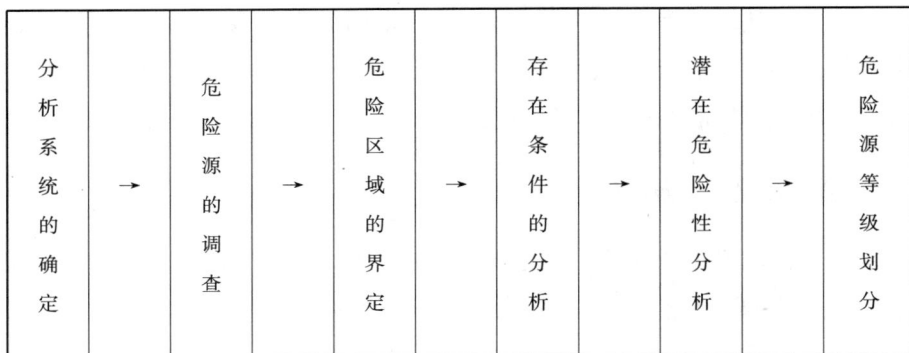

分析系统的确定	→	危险源的调查	→	危险区域的界定	→	存在条件的分析	→	潜在危险性分析	→	危险源等级划分

图 4-1

1. 危险源的调查

有些班组，如机修、机械等班组，由于工作性质要接触整个企业中的危险源。而且有时要在危险源附近焊接、高空作业等，因此，有必要对整个企业的危险源进行全面调查，调查的主要内容如下。

（1）生产工艺设备及材料情况。设备名称、容积、温度、设备本质安全化水平、设备性能、工艺布置、压力、工艺设备的固有缺陷、所使用的材料种类、性质、危害、使用的能量类型、强度等。

（2）作业环境情况。如生产系统的结构布局、安全通道情况、作业空间布置等。

（3）操作情况。如工人接触危险的频度、操作过程中的危险等。

（4）事故情况。事故处理应急方法、过去事故及危害状况、故障处理措施等。

（5）安全防护。危险源有无安全标志、有无安全防护措施、燃气、物料使用有无安全措施等。

2. 存在条件及触发因素的分析

由于危险物质或能量的存在条件不同，所显现的危险性也不同，被触发转换为事故的可能性大小也不同。因此，对危险物质或能量的存在条件及触发因素的分析，是辨识危险源的重要环节。

（1）危险物质或能量的存在条件分析内容。

①储存条件。如堆放方式、其他物品情况、通风等。

②物理状态参数。如压力、温度等。

③设备状况。如设备缺陷、设备完好程度、维修保养情况等。

④防护条件。如故障处理措施、防护措施、安全标志等。

⑤操作条件。如操作失误率、操作技术水平、管理条件等。

（2）触发因素。分为人为因素和自然因素，人为因素，包括以下几方面。

①个人因素。如粗心大意、不正确操作、操作失误、漫不经心、心理因素等。

②管理因素。如不正确管理、不正确的训练、指挥失误、判断决策失误、设计差错、错误安排等。

③自然因素。指引起危险源转化的各种自然条件及其变化，如气压、湿度、气温、大气风速、振动，地震、雷电、雨雪等。

（3）潜在危险性分析。一定的能量和危险物质的释放，导致危险源转化为事故。因此，危险源的潜在危险性，可用能量的强度和危险物质的量来衡量。

①能量。包括电能，化学能，机械能，核能等，危险源的能量强度越大，表明其潜在危险性越大。

②危险物质。包括有毒有害物质，燃烧爆炸危险物质两大类。

③燃烧爆炸危险物质。包括可燃粉尘，可燃气体，可燃液体，易燃固体，自燃性物质，易爆化合物，混合危险性物质等。

④有毒有害物质。指直接危害人体，造成人员中毒、致病、致畸、致癌等的化学物质。可根据使用的危险物质量，来说明危险源的危险性，见表4-1。

一般情况下，由于重大危险源失控后泄漏扩散，而引起的火灾、爆炸和中毒事故。重大危险源失控后，发生何种类型重大事故，主要受物质特性、操作条件和环境情况的影响。为此，班组应从重大危险源的辨识及其事故场景预想，进行分析。在此基础上，采用切合班组实际的安全控制措施。

3.安全控制措施

(1)工程技术措施。以此实现本质安全。

(2)管理措施。以此规范安全管理。

(3)教育措施。以此提高从业人员的操作技能和安全意识。

(4)员工个体防护措施。以此减少职业伤害。

表 4-1 国际劳工局建议用以鉴别重大危险装置的重点物质

物质名称	数量(>)	物质名称	数量(>)
一般易燃物质	0	氨	500 t
易燃气体	200 t	氯	25 t
高易燃液体	50 000 t	二氧化硫	250 t
特种易燃物质	0	硫化氢	50 t
氢	0	氰氢酸	20 t
环氧己烷	50 t	二硫化碳	200 t
特种炸药	50 t	氟化氢	50 t
硝酸铵	0	氯化氢	250 t
硝酸甘油	2 500 t	三氧化硫	75 t
三硝基甲苯	10 t	特种剧毒物质	0
特殊有毒物质	50 t	甲基异氰酸盐	150 kg
丙烯腈	200 t	光气	750 kg

危险源辨识的基本步骤

班组采取适当的风险控制后，风险已降低，这时才能开始或继续工作。如果风险控制的前期工作没有做到位，不能降低风险，就必须禁止工作。为降低风险，有时必须配备大量资源。当风险涉及班组正在进行的作业时，应采取应急措施进行必要的干涉或阻止。

风险控制应该建立在正确辨识危险源的基础上，因此，班组首先应该遵循基本步骤，去了解和辨识危险源，然后制订相关的安全防范措施。否则,没有头绪地去施工作业,必然会导致危险源起火爆炸,发生惨烈的灾祸。

2012年某日,南方某城市一家石化厂老厂区在进行生产装置拆迁过程中,因作业人员上岗不久,没有正式操作证。对压力装置里的危险品特性不熟悉、不了解,加上操作不慎,导致一只压力装置内残余的二硫化碳发生泄漏,从底部喷发出蓝白色的火焰,整个容器热浪腾腾,同时还将所属工段管道内的废弃物引燃。熊熊大火使附近的两个危险品储罐烤热,发生连锁爆炸,有12名工人当场身亡,21名员工被烧伤、炸伤。

事故现场已冒出浓烟滚滚,四周空气内弥漫着浓烈的危险品刺激性气味。临近的单位、居民被紧急疏散,直接经济损失达两亿元。

在上述案例中,由于作业人员不熟悉不了解压力装置里的危险品特性,操作疏忽,使一只压力装置内残余的二硫化碳发生泄漏,引发连锁爆炸。可见,辨识和熟悉身边的危险源非常重要。辨识和熟悉危险源应按照以下步骤进行。

(1)确定本企业危险源的性质。

(2)确定本企业的经营场所、地理位置、经营活动过程。

(3)确定选用适合本企业危险源的分类原则。

(4)选择合本企业危险源的识别方法。

(5)在本企业的所有活动及其场所中,进行危险源识别。

(6)对调查和识别的危险源,进行分类记录,形成文件。

第三节　班组危险预知活动

危险预知活动的四个阶段

在企业里,班组是最基层单位,是企业安全工作的落脚点,搞好班组安全管理工作，是企业安全工作的前提和保障。而班组危险预知活动，则是班组现代安全管理的一种方式。

实践证明，班组开展此项活动后，大大降低了安全生产事故。此外，危险预知活动的开展，对加强班组安全管理，提高班组成员的安全意识，调动班组成员搞好安全生产的积极性，杜绝事故的发生等，都具有重要的意义。但是有些企业的班组却忽视了这一点，导致员工的安全意识淡薄，安全事故也因此乘虚而入。

2012年10月的一天，某石化公司一家炼油厂进行大修。生产车间分别对重油加氢装置做氧含量、有毒气体、可燃气体分析，其结果均合格。于是，该车间安全员便为检修作业班开出设备施工许可证。

检修班进入重油加氢装置设备内拆通道板，作业结束后，去食堂吃饭。检修班员工黄某、朱某二人返回设备顶部，黄某进入反应器取留在里面的工具，准备拆下设备的通道板。此时，黄某沿着梯子下去取回工具，又沿着梯子上反应器，并将工具递给朱某。在朱某转身放工具时，黄某突然坠落反应器内。朱某立即呼救，在场工作的员工赶过来，奋力将黄某拖出反应器，急送医院抢救，但终于不治身亡。

事后，调查发现反应器有硫化氢气体，来源是国产催化剂与水在90 ℃状态下所产生的硫化氢气体，导致黄某中毒。

重油加氢装置原用进口催化剂且严格按停工方案处理，但该厂本周期却换成国产催化剂，其性质还没有全面掌握，尤其是对该剂停工处理的方法，且对硫化氢析出现象缺乏认识。

在上述案例中，该厂技术部门改变了生产工艺，将原使用进口催化剂的重油加氢装置改换成国产催化剂，但没有进行仔细的安全技术分析，且又没有严格按停工方案处理。在检修时，又没有将危险预知告知检修员工，导致检修工盲目施工，最终发生了硫化氢中毒事故。

其实，只要把危险预知工作做到位，事故是可以避免的。班组危险预知活动是作业前的科学预测，通过对各种危险因素的预测，使各种预测结果力求适合现场使用,成为工人的作业指南。如果每一名员工都积极参与,班组长高度重视,并加强组织领导,群策群力,定期进行检查评比,就能预防事故的发生,把发生事故的可能性降低到最小限度。

1. 班组危险预知活动的内容

通过危险预知活动,应明确以下几个问题。

(1)明确作业人员、作业地点、作业时间。

(2)对作业现场状况了如指掌。

(3)分析潜在事故的原因。

(4)预知潜在事故的模式。

(5)落实危险控制措施。

2. 危险预知活动程序

危险预知活动可分为以下 5 个步骤。

(1)发现隐患、问题。

(2)研究重点。

(3)提出预防措施。

(4)制定预防对策。

(5)监督措施的落实。

3. 做好班组危险预知须注意的问题

(1)做好危险预知的宣传教育。班组在危险点辨识结果的基础上,进行危险预知的宣传教育,开展好考评活动,及时推广危险点分析和宣传活动中好的典型。

(2)班组长要事先准备。在活动前,班组长要对所要进行的危险预知课题,进行一番准备,以便在活动时发言有内容有深度,提高活动质量。

(3)全员参加。要充分发挥班组的集体智慧,调动全体班组成员的积极性,使大家在活动中受到教育。危险预知活动应在活跃的气氛中进行,让所有组员有充分发表意见的机会。

(4)危险点分析形式要多样化。班组长可结合岗位作业状况,在作业现场进行直观的、更有效的分析,如画一些作业示意图,召集大家进行分析讨论;也可随着作业现场环境、条件的变化,对危险点进行动态的分析。

工前5分钟活动

班组作为企业的一个细胞,它的安全生产直接关系到企业的健康发展。但在现实中,由于有些班组领导和成员安全意识淡薄,致使安全生产处于不稳定状态,影响了企业的经济发展。

在企业,事故发生的第一现场往往是班组,因此,班组的“工前5分钟”安全活动是不可忽视的。“班前安全活动5分钟”,就是在作业前5分钟,班长针对当天的作业部位、作业重难点和安全防护薄弱点,有针对性地对班组员工讲解应注意的安全防护知识、安全作业技能、安全作业制度等安全事项和规定,对当班的工作做好充分的准备,保证了当班的各项工作顺利进行。

2010年某日,某地一家公司拆除污水总管作业。工程负责人昂某没有制订井下封堵墙拆除专项施工方案也没有安排安全监护人,就指派作业人员林某和杨某两人,到井下进行封堵墙的拆除工作。而他们也未佩戴防毒面具和安全带,就带着工具爬入井内,因吸入了井内大量的硫化氢,中毒晕倒在污水里,溺水死亡。

上述案例中,工程负责人昂某,在没有制订井下封堵墙拆除专项施工方案的情况下,又没有安排安全监护人,就指派林某和杨某两名员工,到井下拆除封堵墙。林某和杨某两人既没有受安全教育培训,也没有佩戴防毒面具,就贸然进入污水井内施工作业,结果中毒而亡。如果坚持工前五分钟安全活动,制订安全措施、培训教育、安全设施等,都会得到应有的重视,作业人员不会贸然下井作业,也就不会出现事故。

工前 5 分钟安全活动,是危险预知活动结果在实际工作中的应用。每天上工前,在作业现场利用较短时间进行,由班长组织作业人员根据危险预知训练提出的内容,对"人员、工具、环境、对象"进行四确认,并针对作业危险点所制订的安全措施,逐项落实到每一位员工。如果认真做到这些,作业危险点的事故是可以避免的。

经典案例:辨识危险源,善于处理危险源事故

　　小王是某电力公司的一名电工班长,负责施工现场的电力设施、设备的安装、调试、维修等工作。由于每天都与"电老虎"打交道,他便把增强班组员工的安全生产意识,当成工作中的重点来抓。

　　在班组安全管理工作上,小王总结了一个"诀窍",即:把"要我安全"转变为"我要安全",使工人们在施工中都能做到安全第一。每天的班前会上,以及每周的班组安全例会上,小王都会对班组里所有员工进行安全生产方面的宣传,提高了员工的安全意识,使大家在作业之前,就对本岗位的安全施工程序有很具体的了解。

　　当工人们提高了安全意识后,小王的工作重点又放在对施工中的危险源的管理上。他认为只有加强员工对危险源的辨识和防护,才能搞好安全生产,减少各类工伤事故和人身伤亡事故的发生。

　　在安全管理工作中,小王给自己和班组员工"约法三章",即:"三不违":不违章指挥、不违反劳动纪律、不违规操作,对安全工作常抓不懈。这样一来,小王的安全管理工作就变被动为主动了。由于他经常强化安全理念的灌输,在班组的各类会议上都交代施工现场的危险点、危险源,及其控制措施,不仅使工人们增强了安全意识,还极大地发挥了工人们的积极主动性,班组的所有员工都主动对危险点、危险源进行分析,确保找出没有辨识到的危险源。

　　不过,有些危险源是不易辨识的,在这种情况下,小王要求工人必须检查安全措施是否到位,只有确认安全措施到位后,才可以在危险点附近施工。有一次,他和几名工人在带电安装终端过程中,有可能更换表计,工人们把表计接线端子电流短接片短接,当电源连接片断开后,便视为安全措施做完,但不能保证端子有无缺陷。这时小王便要求工人在所有安全措施做完后,再进行一次检

验和验证。这样一来，就大大减少了安全风险。

小王在每天的班后会上，对一天的安全工作进行总结和分析，找出差距，保证施工的安全和质量，强调员工在施工过程中，要做到"不乱动"，即：不动与工作有关但自己不懂的设备、不动与工作无关的设备、不做自己没把握的事情，拒绝盲目的个人英雄主意，杜绝习惯性违章。

在今后的工作中，小王和全班员工为确保班组安全生产的目标实现，也为了保证大家的人身安全、生活幸福，坚持安全防范两个到位，即：一是责任明确到位；二是危险源辨识到位。

正由于小王对安全工作的常抓不懈，和每天认真细致的工作，加上有安全生产制度上的保证，他的班组这几年未发生任何违章安全事故。

管理经验：安全管理中危险辨识的三种形式

对安全管理中危险因素进行辨识，必须采用科学的方法、借用科学的仪器设备和科学的态度，从物质、能量及其外力条件或自身变化全面地分析辨识。简而言之，安全管理中的危险辨识主要有以下三种形式。

一、直观性危险辨识

直观性危险辨识是相对简单、容易掌握、方便参与的辨识形式，也是大部分班组长和员工所掌握和使用的，对此，班组长要继续重视，坚持运用，并将危险辨识的成果不断充实到其中，丰富这种危险辨识形式的内容。开展直观性危险辨识可运用的工作方法一般有：危险因素排查法、头脑风暴法、班前（作业前）安全确认法、标准化交接班法等。

二、逻辑性危险辨识

逻辑性危险辨识是以设备设施、工器具、作业环境以及相关日常作业行为为主要对象，在分析查找并确定其事故模式、事故类别的基础上，通过逻辑判断和逻辑推理，定性分析诱发事故发生的充分条件，进而查找这些充分条件的诱发因素,并制定根本性防范措施的组织形式。查找诱发事故的充分条件是逻辑性危险辨识的关键。开展逻辑性危险辨识可运用的工作方法有:逻辑性分析法、能量转移分析法等。

三、专业系统性危险辨识

专业系统性危险辨识是以专业分工和生产作业主体为基础,以专业性较高、危险性较大的设备、设施、工器具、作业环境、生产工艺、生产工艺各系统以及相关日常作业行为为主要对象,定性定量地分析工作对象的危险性以及各系统之间危险因素的相互关系,并制定防范措施的危险辨识的形式。专业系统性危险辨识往往跨岗位、跨班组、跨工段,甚至跨厂,由几个关联单位共同进行。需要各单位厂级主管领导牵头,组织相关专业技术人员、熟悉作业条件的人员和相关检修维护人员实施。开展专业系统性危险辨识可运用的工作方法有:逻辑性分析法、能量转移分析法、作业条件危险性评价法等。

第 五 章

安全生产事故的预防与规避——班组安全检查及隐患排查

常用设备安全检查的检查内容

① 机械设备的检查内容

机械技术状况；附件；备品工具；操作；消耗；保养；资料；记录；质量

② 起重设备的检查内容

检查起重机械的安全状况和技术性性能；安全装置、制动器、离合器；吊钩；滑轮及滑轮组、钢丝绳、索具等；管道连接、液压保护装置等；主要受力部件、顶升机构等；轨道的安全状况、道轨的接地情况；防风、防倾覆措施的落实情况等

③ 电气的检查内容

电压的安全措施情况；各个部分的绝缘情况；设备裸露带电部分的防护；安全距离；安全用具以及灭火器材的准备情况；电器连接部位；手提灯和局部照明的电压；电气设备的安装位置

④ 矿井通风设备的检查内容

通风管理制度及其执行记录；通风系统；通风机的电压、电流、运行状况及其备用风机的准备情况；通风机的电气保护装置；回路供电；风机反风能力

⑤ 锅炉与压力容器的检查内容

安全阀；压力表；水位表；爆破片；作业人员的持证情况；安全管理制度的落实情况；记录情况

⑥ 医药与化工生产的检查内容

厂房建设；安全通风设施；安全出入口；水封隔油窨井；防火间距；防爆结构和隔离；泄压面积不发火地面；围堤；压力容器的设计、制造；作业场所和作业环境；电气设备的配置；各类装置；消防设施和器材

第一节　班组安全生产检查

班组安全生产检查的主要内容

班组在安全生产检查中，发现隐患，对于生产作业中人、物的不安全状态、不安全行为，以及潜在的职业危害，加以整改。所以，检查中发现不了隐患，就达不到检查的真正目，就不能消除和控制各种危险因素，防止伤亡事故和职业病的发生。

现实中，有的企业班组在进行安全检查时，只是组织几个人到作业场地转一转、走一走，造一下声势就完。这种检查既不能发现什么新情况，更不会为班组解决实际问题。因此，在进行检查时，要落到实处，点面结合，既要查大设备的安全生产状况，又要从细微处入手，从而使班组、员工明确安全生产的重要性，抓好班组的安全生产工作。

2012年某日，某地一家化工厂对公司污水处理站进行清理，在抽排外排水池中的污泥时，作业人员使用简易梯子从池子上方的方孔，下到池内小池沿上，当发现池内气味较重时，便返回池外。过了一会，作业人员下池清除潜水泵污泥，下池不到一分钟后，便中毒晕倒；现场人员连续下池救人，先后入池的4人中有2人死亡、2人重症抢救。

事后，调查发现，事故的直接原因是相关人员违反操作规程，违规进入外排水池清理污泥，吸入硫化氢中毒；而现场人员没有穿戴安全保护用品，盲目下池施救，导致事故伤亡进一步扩大。

在上述案例中,作业人员没有穿戴安全保护用品,就贸然下池作业,导致中毒,而现场人员也犯了此类错误,致使事故扩大。说明他们缺乏安全防范意识,而这正是由于没能坚持安全检查的缘故。如果平时能够坚持安全检查,就能在作业中发现隐患,也就会提高警觉性。

然而,现实中,这些人一直过着太平无事的日子,没有意识和看出身边的安全隐患,对事故缺乏应有的警觉,少了一根"安全防范"弦。可见,安全检查对于发现隐患、杜绝事故是何等重要。

1. 检查员工在作业中是否遵守安全生产制度

检查班组员工是否严格遵守了安全生产制度,是否掌握了安全操作技能和自觉遵守安全技术操作规程。在作业中,是否正确、合格地穿戴和使用个人防护用品、用具。

2. 检查作业现场是否存在物的不安全状态

(1)检查作业现场的设备安全防护装置是否良好。

①设备上的保险装置。

②指示报警装置。

③联锁装置。

④防护栏网。

⑤防护罩。

⑥接地接零。

(2)检查工具、附件、设备、设施是否有缺陷。

①制动装置。

②安全间距。

③机械强度。

④电气线路。

⑤超重吊具与绳索。

⑥其他设备。

(3)检查特殊物品和设施。

①易燃易爆物品。

②剧毒物品。

③通风。

④照明。

⑤防火。

(4)检查生产作业场所和施工现场有哪些不安全因素。

①安全出口。

②登高扶梯。

③平台是否符合安全标准。

④产品的堆放。

⑤工具的摆放。

⑥设备的安全距离。

⑦操作者安全活动范围。

⑧电气线路的走向和距离。

3. 检查职工在生产过程中是否存在不安全行为和不安全的操作

(1)检查有无忽视安全技术操作规程的现象或违章现象。

①操作无依据。

②没有安全指令。

③人为的损坏安全装置或弃之不用。

④冒险进入危险场所。

⑤对运转中的机械装置进行注油、检查、修理、焊接和清扫等。

(2)检查有无违反劳动纪律的现象或违反劳动纪律的现象。

①在作业场所工作时间开玩笑。

②打闹。

③精神不集中。

④脱岗。

⑤睡岗。

⑥串岗。

⑦滥用机械设备或车辆。

（3）检查日常生产中有无误操作、误处理的现象。

①在运输、起重、修理等作业时信号不清。

②警报不响。

③对重物、高温、高压、易燃、易爆物品等作了错误处理。

④使用了有缺陷的工具、器具、起重设备、车辆等。

（4）检查个人劳动防护用品的穿戴和使用情况。

①防护服。

②防护帽。

③防护鞋。

④防护面具。

⑤防护眼镜。

⑥防护手套。

⑦防护口罩。

⑧安全带。

⑨绝缘防护用品。

（5）及时发现并积极推广安全生产先进经验。安全生产检查不仅要查出所存在的问题，消除隐患，而且还要发现安全生产的好典型，并进行宣传、推广，掀起学习安全生产经验的热潮，进一步推动班组的安全生产工作。

班组安全生产检查的类型

班组安全生产关系到企业的经济发展，企业为了促进班组安全建设，大都会督促班组重视安全检查工作。现实中，有些班组长在检查班组安全生产时，总觉得如果较真，会得罪员工，因为较真会使员工的工资、奖金被扣，还会丢面子。因此，这些班组长大都以"下不为例"就马虎过去了。这种做法没有触及违规的员工的痛处，他们没有从中汲取到教训，下次还会再犯。

因此，班组安全检查工作，要有一种正确的指导思想。在安全检查时,要对企业负责,对班组的全体员工的生命、企业财产负责,不是对某个人负责,否则后果将不堪设想。

2011年某日,一家化工厂聚丙烯反应出现故障,检修工须进入反应釜内进行焊接动火作业。在动火前,检修班安排员工对反应釜进行退料、吹扫、清洗、置换,又打开釜顶入孔通风,还对辅料进料、蒸汽、氮气等进口阀门加装了隔断盲板,对聚丙烯出料、反应尾气等出口阀门,也加装盲板进行隔断。因为少了一块盲板,未对丙烯进料阀门加装盲板隔断,仅关闭丙烯进料阀门。

焊工胡某在进入反应釜之前,点燃一张纸条扔进里面,但反应釜内没有燃烧和爆炸。于是,他便开始作业。突然,只听一声巨响,反应釜内发生了爆炸,焊工胡某当即被炸死在反应釜内。

事后,调查发现在做预防工作时,没有对丙烯进料阀门加装盲板隔断,致使丙烯进入反应釜内;而当时分析人员从反应釜顶部入孔采集的,仅是反应釜顶部的气体样品。分析结果虽然合格,但不具有代表性,因为未能采集到沉积在反应釜底部的丙烯气体。

焊工胡某虽然点燃纸条做了明火试验,但燃着的纸条,却落在位于反应釜中部的搅拌机叶片上,未能落到反应釜底部,没有把底部的丙烯混合气体点燃。

在上述案例中,那家化工厂在检修聚丙烯反应釜时之前,虽然做了一些预防工作,采取了一些预防措施,貌似有板有眼,符合预防工作程序,但却没有落到实处,因而真正的隐患没有被发现。所以,安全检查工作切忌浮泛,要扎扎实实地去做,才能发现安全隐患,真正发挥安全检查工作的作用。

1. 常规检查

这是一种较普遍性的、经常性的检查,目的是对班组的安全技术、安全管理、职业危害的情况,进行常规性的检查。在企业里,企业、车间安全主管部门都会定期或不定期组织这种检查。此外,班组还经常组织自查。

在此类检查中,安全管理人员作为检查工作的主体,到作业场所的现场,携带一定的简单工具、仪表等,对作业人员的行为、作业场所的环境条件、生产设备设施等,进行定性检查。

2.专业性检查

针对某项特殊的作业、设备或作业场所,所进行的安全检查,如有毒有害物品检查、爆炸物品检查等,专业性检查技术性强,对检查人员的要求比较高。

3.季节性检查

有些事故带有季节性特点,如冬季的防火检查、雨季前的防洪检查等。为防止在特定季节突发事故,进行必要的检查。

4.临时检查

根据当前的工作需要,所组织的临时性检查,如在节假日内,为保障企业的安全,防止因员工休假等因素造成精力分散,引起事故,因此组织此类检查。有的是针对近期煤矿、交通的特大事故频繁,所组织的安全检查。

第二节　常用设备的安全检查

机械设备安全检查的基本规范

班组经常开展安全生产检查是防止事故发生、清除事故隐患的重要手段,是企业安全生产管理工作的一项重要内容。通过安全检查,可以发现企业及生产过程中的危险因素,以便有计划地采取措施。消除危险因素,保证企业和班组的安全生产。

2012年10月某日,一家物流公司的叉车司机程某,在公司第3层车间驾驶叉车,向提升物料的货运电梯装运货物。当他将电梯上的货物卸下后,电梯操作员将电梯轿厢提升到第 4 层,但第 3 层的电梯厅门却没有按规定关闭。当程某驾驶叉车返回电梯内运送物料时,因电梯厅门是敞开的,便误以为电梯轿厢还在第 3 层,就按正常工作程序驾叉车向电梯上开去。不料连车带人一起坠入电梯井内,坠落高度约 12 m,被严重摔伤的程某,当即被送往医院,经抢救无效死亡。

事后,经调查发现,电梯已经超过法定检验期 10 个月,且带故障运行,所以才出现第 3 层的电梯厅门没有按规定关闭的现象。

上述案例中,叉车司机程某在向电梯运送物资时,由于电梯门没有按照规定关闭,身在第 3 层的他,误以为电梯轿厢还在第 3 层,就驾着叉车向电梯上开去,却连车带人一起坠入电梯井下面,伤重不治。为他开启这扇地狱之门的,是物业管理者安全意识的缺乏。

如果物业管理者按照法定检验期限对电梯进行检验,及时进行维修,这部电梯不会带故障运行,而事故也不会产生的。所以,对于机械设备,要经常进行安全检查,提高机械完好率、利用率,确保安全。

1.机械设备检查的主要内容

(1)机械技术状况。

(2)附件。

(3)备品工具。

(4)操作。

(5)消耗。

(6)保养。

(7)资料。

(8)记录。

(9)质量。

进行机械设备检查时,要检查以上各种情况是否良好和俱全,并对机械使用人员进行有针对性的技术考核。

2.机械机务人员是否重视机械管理工作

(1)检查使用机械设备的安全规章制度是否建立、健全,以及贯彻执行情况。

(2)检查常用机械设备的机务人员配备情况。

(3)检查机械技术状况及完好率、利用率情况。

(4)检查机械管理、使用、维修、保养等情况。

(5)检查机械使用维修的运行效果。

3.机械检查的组织实施

(1)班组每季度组织员工机械使用人员进行大检查,对检查中发现的问题,以书面形式通报有关人员,限期进行整改、解决。

(2)机械设备使用人对自己所存在的问题、隐患,没有积极予以解决,一旦发生机械事故的,应追究相应的责任。

起重设备安全检查的主要内容

在现代工业生产中,起重机械是不可缺少的机械设备,被广泛应用于各种物料的起重、运输、装卸,以及人员输送等作业中。很多起重机械在露天作业,常常需要指挥、捆扎、驾驶等多人配合作业,活动空间和难度都比较大,易发各种事故。

我国每年起重机械事故死亡人数,占工业企业死亡总数的 15% 左右,在所有机械事故死亡人数中居首位。起重机械中的塔吊,在安装和拆卸中,每年都要发生多起特大事故。因此,起重机械安全不能不引起作业人员的重视。

2011 年某日,驾驶东风牌大型卡车运载圆钢的穆某,在运输途中,想要将圆钢吊下来重新装车。于是,他向某厂的汽车起重机求助。在重新装车的过程中,他用一根拖汽车用的钢丝绳吊索捆绑圆钢,两端索眼的绳端固定连接,只用一只绳夹拧紧。用这根钢丝绳吊索将 3 吨重的圆钢从卡车上吊放在地面的方木上。

当吊车将圆钢重新吊离地面时,穆某弯腰进入悬吊的圆钢下面,去搬运方木。此时,吊索的索眼绳头从绳夹中滑出,致使圆钢突然坠落,将穆某当场砸死。

根据起吊的安全要求,钢丝绳用绳夹将绳端固定连接时,数量不应少于 3 支,且应按规定方式、绳夹间距,及其规定的扭矩,进行拧紧。而该吊索索眼固定连接,仅用一支绳夹,致使固定连接部位所承受的拉力达不到相应要求;同时违反起吊时吊物下不得站人的规定。在起吊 3 吨重的圆钢时,绳头便从绳夹中滑脱出来,穆某躲闪不及,造成吊重坠落伤亡事故。

在上述案例中,驾驶员在起吊 3 吨重的圆钢时,采用不符合安全要求的钢丝绳吊索,捆绑圆钢进行起吊,造成吊重坠落,违反吊物下不得站人的规定,致使本人被圆钢砸死。这样的惨案告诉我们,在使用起重机械过程中,无论是起吊设备部分,还是附件部分,都要严格按照安全要求去做,不能打折扣。在作业之前,一定要认真、仔细地核对设备、附件等,进行周详的检查,看看是否符合安全要求。如果马虎敷衍,就要付出生命的代价。

班组起重机械设备检查的内容如下。

1. 检查起重机械的安全状况和技术性性能

使用人应经常检查起重机械的安全状况和技术性能,应做到年度检查、季度检查、月度检查、每周检查和每日检查。

2. 每年一次全面检查

班组对在用的起重机械,要每年一次进行全面检查,其中载荷试验,可以结合吊运相当于额定起重量的重物进行,并按额定速度,进行起升、回转、变幅、行走等机构安全性能检查。

3. 季度检查的项目

(1)安全装置、制动器、离合器等。

(2)吊钩。

(3)滑轮组、钢丝绳、索具等。

(4)配电盘、开关、控制器、配电线路、集电装置等。

(5)管道连接、液压保护装置等。

(6)主要受力部件、顶升机构等。

(7)轨道的安全状况、道轨的接地情况。

(8)钢结构、传动机构。

(9)行走电缆的绝缘及损坏情况。

(10)大型起重机械的防风、防倾覆措施的落实情况。

(11)起重机械的安装、拆除、维修资料。

4.每月检查的项目

(1)安全装置、制动器、离合器等。

(2)吊车上的吊钩。

(3)滑轮及滑轮组、钢丝绳、索具等。

(4)配电线路、控制器、开关、集电装置、配电盘等。

(5)液压保护装置、管道连接等。

(6)顶升机构,主要受力部件等。

5.每周检查项目

(1)极限位置限制器。

(2)制动器。

(3)离合器。

(4)控制器。

(5)电梯门联锁开关。

(6)紧急报警装置等。

(7)配电线路。

(8)配电盘。

(9)集电装置。

(10)开关。

(11)控制器。

(12)液压保护装置。

(13)管道连接。

(14)顶升机构。

(15)主要受力部件。

（16）钢丝绳。

（17）滑轮组。

（18）索具。

6.每日检查的项目

（1）极限位置限制器。

（2）制动器。

（3）离合器。

（4）控制器。

（5）电梯门联锁开关。

（6）紧急报警装置。

（7）轨道。

（8）钢丝绳。

（9）吊索。

（10）吊具。

7.严禁起重机械设备带故障作业

经检查后，发现起重机械有异常状况和受到损坏时，必须及时修理或淘汰，严禁起重机械设备带故障作业。

8.不合格的起重机械不准投入使用

对于经过技术改造、大修或新购的大型起重机械，在投入使用前，必须由专业检验部门自检合格后，按规定进行调试与技术试验。未经调试与技术试验或试验不合格的起重机械，不准投入使用。

9.吊物下不得站人

电气安全检查的主要内容

电气化是社会生产力进步的一种标志，在现代社会的生活和生产领域中，各种电气设施越来越多。但与此同时，电气安全问题也日益严峻，由于各种原因，电气行业存在大量的安全隐患，安全事故所造成的生命、财产损失，也使人触目惊心。然而，电气隐患具有一定的隐蔽性，因此，需要建立一套科学、准确、可操作的电气安全检查方法。

电气安全检查的目的是提高作业人员的安全意识，使他们充分认识到安全操作的重要性。作业人员在安装、维护、检修、使用的过程中，不仅要懂得电气装置的安全要求，还应当熟知电气安全操作规程及其他相关联的规程，应当学会触电急救和电气灭火的方法，并通过培训和考试，取得操作合格证。

2011 年 5 月的一天，一家施工队在某处住宅楼工地安装一台龙门架。为确保安全，进行停电施工。停电以后，电工赵某和材料员季某具体负责整理施工临时用电主干线路。当龙门架安装完毕后，开始恢复送电。

这时，赵某负责施工的线路尚未完工。赵某大概有点着急，没有实施断电操作，也没有采取任何措施，继续带电作业。班长发现后，警告赵某说："不要带电作业，这很危险的。"赵某不但没有听从劝告，反而回答说："带电作业对于我们电工来说，是很平常的事。"等班长转身离开后，赵某仍旧我行我素地带电作业。但一会，赵某在剥离绝缘胶布时，不小心将手触及了导线，当即触电身亡。

在上述案例中，赵某没有听从班长的警告，在作业时，违反安全操作规程，带电作业。同时，还违反《施工现场临时用电安全技术规范》要求，不穿戴安全防护用品，而班长虽然对赵某的行为进行了制止和警告，但没有采取有力的措施，如停止赵某的作业。此外，班长发现赵某没有穿戴安全防护用品，也没有对其进行批评和限令整改。这些原因综合起来，最终导致触电事故发生。可见，班组长在作业中的安全检查，对遏制事故的发生起着不可替代的作用。

一般电气设备安全检查内容如下。

(1)电压是否采取了安全措施。

(2)保护装置部分是否符合要求。

(3)电气设备绝缘是否完好。

(4)电气设备安装是否合格。

(5)电气设备安装位置是否合理。

(6)绝缘电阻是否合格。

(7)设备裸露带电部分是否有良好的防护。

(8)屏护装置部分是否符合安全要求。

(9)安全间距部分是否合乎要求。

(10)保护接零或保护接地是否正确、可靠。

(11)手提灯和局部照明灯电压是否是安全的。

(12)安全用具和电气灭火器材是否齐全。

(13)电气连接部位是否完好。

(14)电气设备或电气线路是否过热。

(15)在有爆炸和火灾危险的场所,严禁架设临时线路。

(16)安全生产制度是否健全等。

重要电气设备安全检查内容如下。

(1)坚持对变压器等重要电气设备进行定时、定期巡视,并做必要的记录。

(2)对新安装的电气设备,特别是对自制的电气设备的验收工作,要坚持安全技术原则,不可马虎和敷衍。

(3)对于正在使用中的电气设备,应定期测定其绝缘电阻。

(4)对于各种接地装置,应定期测定其接地电阻。

(5)对于避雷器、变压器油、安全用具及其他一些保护电器,也应定期检查、测定,或进行耐压试验。

焊接与切割安全检查的主要内容

在焊、切割作业中,稍有不慎,就会发生火灾、爆炸事故。如在密闭容器中焊、切割,如果密闭容器中尚有残留的可燃气体,就会引发燃烧和爆炸。此外,切割中,如果违反安全操作规程去操作,使氧气和乙炔回火,也会引发燃烧和爆炸。有些事故往往是在焊、割作业结束后发生的,原因是作业即将结束时,作业人容易放松警惕,没能自始至终地执行所制定的各项安全措施,现场清理工作很马虎,没有及时熄灭留下的火种。因此,认真抓好焊、割作业后的安全检查,是焊、割防火防爆全过程中,不可缺少的一个重要组成部分。

2012 年 6 月中旬,某地一家化工厂因原料不足停产,厂部经研究决定借停产之机进行设备技术改造。

这天,按照计划准备在甲醇计量槽溢流管上焊接一个阀门。在焊接前,焊接处与甲醇计量槽没有完全隔绝,只在安装阀门的溢流管上加了盲板,也没有对甲醇计量槽内的残留气体进行安全监测。当天的气温很高,槽内甲醇蒸发气体与空气汇合,形成了一种容易爆炸的混合气。焊工在焊接时,电焊火花掉落在进料管敞口处,槽内的混合气瞬间被引爆,随着一声巨响,整个槽体腾空飞起。更可怕的是,槽内的甲醇全都泼溅出去,燃烧成一片火海,6 人死于这场事故,5 人被烧成重伤。

在上述案例中,焊工在操作时,没有办理动火作业证,也没有组织现场监护,更没有进行动火前的防火防爆检查。更严重的是,焊工只在安装阀门的溢流管上加了盲板,使得焊接处与甲醇计量槽没有完全隔绝。另外,也没有对甲醇计量槽内的残留气体进行安全监测。这么多不安全因素累加在一起,发生事故是必然的。

该厂存在这么多不安全的因素,没有被及时发现和消除的原因就是没有认真落实安全管理的监督职能。如果经常进行安全检查,这些不安全因素就不会有存身之地。焊、切割安全检查的主要内容如下。

1. 及时检查焊接质量

由于设备、容器对焊接质量要求高,因此,在焊接完毕后,要及时检查焊接质量是否达到要求,对砂眼、气孔等毛病,应立即修补好。焊接过的受压设备、容器管道,要经过水压或气压试验合格后,才能使用,以免在使用时发生泄漏、爆炸等事故。此外,焊接后的容器,要待完全冷却后,才能进料。

2.检查作业后期阶段的防火防爆措施

当焊、切割作业结束后，不要马上撤离安全设施，因为此时可能还会发现设备、容器的某一部位需要进行补焊、补割。对于安全检查，任何时候都不能麻痹大意。作业结束后当焊工完成作业后，应按照下列程序清理现场。

(1)关闭电源。

(2)关闭气源。

(3)将焊枪、割炬安放在安全的地方。

(4)将乙炔发生器内未使用完的电石拿出，存放进电石铁桶内。

(5)清除作业现场的电石污染。

(6)将乙炔发生器冲洗干净。

(7)把乙炔发生器内加好清水，留待次日使用。

3.认真检查作业现场残留的火种

在焊、切割的作业场所，往往留下不容易被发现的火种。因此，作业后要进行认真检查，直到确认不再会有残留的火种。

4.向现场有关人员交代事宜

焊工作业人员下班时，要主动向作业现场的保安人员或下一班人员交代安全检查情况，以便他们加强检查和巡逻。

5.检查自己的衣服

上班后，焊工要将自己所穿的衣服彻底检查一下，看是否有阴燃的情况。焊工穿的衣服挂在更衣室内，经几小时阴燃后，会引发火灾。检查时，发现有焦味等异常现象，须及时采取措施。

矿井通风设备安全检查的主要内容

矿井通常都装置一套通风系统，目的是向井下输送新鲜的空气，供井下工人正常呼吸。矿井的通风系统通常是安装通风机，以及在井下设置局部通风机、风门、风筒、风桥、风墙、风障、调节风窗等设施，把新鲜的风流分送到各个开采地点。

不需要通过局部通风机,就能正常通风的,称作全风压通风;而通过局部通风机送风的,则被称作局部通风。这样当新鲜风流从井上进入风井,再从回风井流出,这个送风的过程,构成矿井的通风系统。它除了能使井下作业人保持正常的呼吸功能以外,还能排放瓦斯、煤尘等等,创造了井下良好的作业环境。可以说,矿井的通风系统是矿井的生命线。因此,对这条生命线的安全检查,是井下安全检查的重点。

2001年某日,某地一家煤矿正在紧张地施工,由于井下瓦斯浓度较大,部分工人在清理溜子、皮带,但仍有几十名工人正在井下开采。不一会儿,只听一声巨响,井下发生了瓦斯爆炸。

事后,矿山成立了救灾指挥部,组织抢救工作。矿救护队立即下井抢救。经过现场抢救工作,有32人安全升井,但仍有38人死于这场瓦斯爆炸,另有16人受伤。

事故发生时,这家煤矿的5台局扇没有正常通风,造成瓦斯积聚,并达到爆炸界限。

在上述案例中,发生事故的这家煤矿由于忽视安全生产,井下用于通风的5台局扇没有打开,不能正常通风,因而造成瓦斯积聚。虽然矿井的管理层安排了工人清理集聚的瓦斯,但瓦斯的集聚速度却在加快,直至达到和超过爆炸界限,引起重大爆炸事故。

这家煤矿之所以漠视安全操作规程,是由于安全检查工作缺失的缘故。作为班组,可以要求矿井领导坚持经常对矿井进行安全检查,抵制不安全作业。在对井下通风系统进行安全检查时,主要按照以下内容检查。

1. 对矿井通风管理的安全检查

(1)检查矿井的通风管理制度及其执行记录。

(2)检查矿井通风记录、报表,把井上、井下的记录进行对照。

(3)检查矿井是否具备通风设施管理牌板、通风仪表管理牌板、局部通风管理牌板,并检查牌板是否与实际相符。

(4)检查矿井是否有通风系统示意图、通风系统图、通风网络 ELI、避灾路线图。

(5)检查矿井通风图件,是否准确地反映了实际情况。重点检查用风点风量、风流方向、通风设施位置等,主要图件要求每季绘制,按月补充修改。

(6)检查矿井的通风测定报告,核实报告中的测定时间和数据的可靠性。

2.检查矿井通风系统是否完善

检查矿井通风系统时,如果存在以下情况,就要立即停止生产,进行整改。

(1)井下通风系统缺乏管理制度,通风机经常停开。

(2)井下无独立进回风系统。

(3)井下无主要通风机,采用自然通风。

(4)把局部通风机或局部通风机群,作为井下主要通风机使用。

(5)主要通风机无独立双回路供电,经常停电。

3.检查通风系统的可靠性

在检查中,如果发现存在以下情况,就要进行整改。

(1)主要通风机供风量小于井下需风量。

(2)两台通风机并联运转不匹配,造成一台抽、一台吸。

(3)通风机的风流不稳定、微风或无风,甚至风流反向。

(4)发生不符合规定的串联通风现象。

(5)通风机在不稳定区域或其附近工作。

4.对主要通风机的安全检查

检查是否存在以下情况。

(1)电压、电流是否稳定。

(2)风机是否存在故障。

(3)风机的运行状况。

（4）有无同能力的备用风机。

（5）风机有无反风能力。

（6）是否双回路供电。

（7）风机的电气保护装置是否齐全、可靠。

5.矿井通风设施的安全检查

（1）在临时停工的掘进巷道，应该按照安全规定供风或设置栅栏，并挂设警戒牌或予以封密。

（2）当采掘面在打透老空区、采空区时，应该制订有害气体和风流紊乱的预防措施，并认真执行。

（3）生产矿井是否不准有自然通风、独眼井和以局代主的通风现象。

（4）矿井出现串联通风，是否经过批准，有无专门措施和措施执行情况。

（5）检查矿井的通风设施是否损坏、失修，有无跑风漏风现象。

（6）检查进回风巷或回风巷里有无断面缩小、堵塞，或有积水杂物等影响通风。

（7）在需要构筑风墙、风门的地点，是否及时予以构筑，并保证质量良好，是否出现无跑风漏风现象。

（8）检查收尾停采后的采煤工作面，是否在规定期限内将所有的设备撤出了，并及时构筑了风墙给予封密。

（9）检查各条井下各巷道和作业点，是否按照安全要求合理配风，使井下作业面有足够的风量，且风速、风量是否符合安全通风要求。

锅炉与压力容器安全检查的主要内容

锅炉、压力容器都属于特种设备，锅炉包括锅和炉两大部分，锅炉中被加热的水或产生的蒸汽，具有一定的热能，通过转换作用，可为蒸汽动力装置提供机械能，也可为发电机提供动能。

压力容器本体通常是由封头、法兰、开孔、密封元件、接管、筒体、支座等6大部分所构成。此外,还配有表计、内件、安全装置等。压力容器由于承受一定压力,另外,还由于密封、承压及介质等原因,操作人员稍一不慎,就有发生爆炸的可能,并且很可能会给人员生命、设备、财产及环境均造成巨大的损害。

由于锅炉压力容器应用十分广泛,因而有些使用锅炉压力容器的场所条件简陋,环境恶劣,容易损坏并发生事故。因而,对锅炉压力容器的安全检查工作不能忽视。

2001年某日,某县一家造纸厂蒸球车间操作工上班后,有两名操作工开始给蒸球内加料;当加料完毕后,便开始送汽。约一个多小时后,开始保压正常运行。

然而,只一会儿,蒸球出料管伸缩节突然错位脱落,球内大量蒸汽纸浆迅速喷了出来。这时,正在蒸球工作台上抢修的几名作业人员,由于躲避不及,当场被烫伤昏迷过去,被送到医院抢救,但3名员工由于伤势过重,抢救无效后死亡。

事故发生后,经调查发现,事故是因一台蒸球出浆管伸缩节脱落,造成高温蒸汽纸浆喷出,使在现场的员工受到重度烫伤,不治而亡。

在上述案例中,这家造纸厂的蒸球出料管伸缩节的紧固销钉损坏,却一直未被人发现,最终因脱落而导致事故发生。事故暴露了这家企业对锅炉压力容器的安全不重视,使设备带故障运行。同时,也暴露了这家企业没有制订安全检查制度,使隐患一直未能及时被检查发现。在对锅炉压力容器进行安全检查时,主要对以下方面进行检查。

1.对锅炉的安全检查

(1)安全阀。

①检查安全阀的规格、数量,以及安装是否符合要求。

②检查安全阀的检验报告,是否在校验有效期内。

③检查阀体和法兰是否泄漏,安全阀的排气、疏水是否畅通,排气管

和放水管是否通向安全地点。

(2)压力表。

①检查压力表的安装、精度、表盘直径、量程、数量等,是否符合要求。

②检查压力表是否在校验有效期内,并检查有无铅封。

③检查压力表的表盘内,有无指示最高工作压力的红线。

④检查同一部件各压力表的读数是否一致、正确。

(3)水位表。

①检查水位表的数量、安装是否满足要求。

②检查水位表是否有最低和最高安全水位,以及正常水位的明显标志,水位、照明是否清晰和良好,玻璃管水位表外面是否有防护罩。

③检查两只水位表显示的水位是否一致,同时,还要检查同一水位检测系统中,一次仪表与二次仪表所显示的水位是否一致。

④燃油、燃气锅炉是否有点火程序及熄火保护装置。

2.对压力容器的安全检查

(1)安全阀。

①检查安全阀的安装、规格、型号、数量,是否符合安全要求。

②对安全阀进行现场校验。

(2)爆破片。

①应定期更换爆破片,所使用的爆破片应每年更换一次。

②通常情况下,一般爆破片应在2~3年内就须更换一次。

③超过最大设计爆破压力,但尚未爆破的爆破片,应立即予以更换。

(3)压力表。

①压力表的安装、规格、型号、数量是否符合要求。

②压力表是否定期校验。

③液面计是否完好。

④测温仪表是否完好。

⑤快开门式压力容器安全联锁装置是否完好。

3.检查锅炉压力容器是否凭证运行,工人是否持证上岗

(1)锅炉、压力容器是特种设备,检查是否办理了领证手续;如果没有办理,班组或操作工人有权拒绝上岗操作。

(2)锅炉、压力容器操作工需经培训考核合格,在领取操作证后,方可单独操作锅炉压力容器。班组不可违规让无证的员工上岗操作。

4.检查锅炉压力容器,是否进行定期检验

(1)检查锅炉是否每年进行一次检验,如果发现超期未检验的,班组可以拒绝安排员工上岗操作。

(2)检查锅炉压力容器的安全附件,是否灵敏可靠。

5.检查锅炉方面的安全管理制度的落实情况

(1)岗位责任制的落实情况。检查包括班组长、司炉工、维修工、水质化验人员等岗位责任制的落实情况,以及职责范围内的任务和要求。

(2)检查锅炉及其辅机的操作规程。

①设备投运前的检查,与准备工作情况的落实。

②启动与正常运行的操作方法,是否符合安全操作规程。

③正常停运和紧急停运的操作方法,是否安全要求。

④设备的维护保养

(3)检查锅炉设备维护保养制度。

①交接班制度。应明确交接班的要求,检查班内作业内容和交接手续。

②水质管理制度。检查水质定时化验的项目是否明确,标准是否合格。

③清洁卫生制度。检查锅炉房设备,及内外卫生区域的清扫卫生,是否符合规定的标准。

6.检查记录情况

(1)检查锅炉及附属设备的运行记录。

(2)交接班记录是否符合规定。

(3)水处理设备运行及水质化验,是否按照规定记录。

(4)设备检修保养记录。

(5)发生事故,是否有记录。

7. 压力容器

(1)检查压力容器的安全管理工作,是否到位。

(3)压力容器的技术档案是否建立和完善。

(4)员工操作是否符合安全要求。

热处理过程中的危险因素

金属热处理是机械制造中的重要工艺之一,在操作过程中,将金属工件放在一定的介质中,加热到适宜的温度;同时,在此温度中保持一定时间。然后,又以不同的速度在不同的介质中加以冷却;再通过改变工件的内部显微组织,来改善工件的使用性能。

与其他加工工艺相比,金属热处理一般不改变工件的形状和整体的化学成分,来改善工件的内在质量。所以,它是机械制造中的一种特殊工艺,也是质量管理的重要环节。在热处理加工过程中,由于化学、物理的反应,也会引起燃烧等事故的发生。

2011年某日,一家化工厂热处理分厂的工人,正繁忙地为产品淬火。他们要把产品放在柴油池中淬火,然后再取出来。由于柴油池的面积较小,加上淬火的时间过长,油温开始逐渐升高,接近了燃点。

当工人又一次把灼热的产品浸入滚烫的柴油中时,突然,柴油池中燃起了熊熊大火。池中的柴油也随着火焰溢出池外,流到了地面上。着火的柴油迅速向车间蔓延,刹那间,车间陷入一片火海之中。行车司机由于吊着产品,无法启动天车;情急之中,他便从数米高的天车平台跳下,身体多处遭到严重摔伤,现场人员急忙将他送往医院抢救,但仍不治身亡。

在这次火灾事故中,车间的设备、设施全部被烧毁,除了行车司机死亡外,多人被烧伤。事后,经调查发现,事故原因是操作工对淬火油池的油温控制不当,当油温接近燃点时,应该停止作业,或者采取降温措施。此外,由于车间缺乏必要的消防设施,在柴油池起火之初,现场人员不能及时灭火。

在上述案例中,这家化工厂热处理分厂在生产过程中,由于操作工对淬火油池的油温控制不当,导致油料起火。而现场又缺乏灭火设备,致使火势越来越大。这个案例说明了热处理岗位是企业的重点防火部位,因而企业、车间、班组,都要加强安全管理,否则就会发生重大事故。班组面对高危的热处理岗位,应建立、健全严格而完善的安全管理制度,加强操作人员的防火意识,不能凭经验,碰运气,以侥幸心理代替科学。只有这样,才能及时发现问题、解决问题,保证作业人员以及设备设施的安全。

班组在对热处理岗位进行安全检查时,首先要对热处理的危险因素有所了解,热处理过程中的危险因素有以下几方面。

1. 毒物、毒气、粉尘的危害

(1)热处理中的氮化工艺过程,会大量地使用氨气;而部分氨气会在生产过程中,随着废气排入大气中。

(2)热处理中,应用氯化钡作为加热介质,最高温度可达到 1 300 ℃。这时,氯化钡会大量蒸发,对人体造成危害。

(3)在热处理中,液体渗碳、氰化、软氮化等工艺,使用了氰化盐,而氰化盐对人体是有危害的。

(4)热处理不少工序中,要直接应用硝酸、盐酸、硫酸等三酸,以及烧碱、纯碱、熔融的铅、金属盐等有毒物品。

(5)在热的状态下,硝盐浴炉中熔融的硝盐与工件油污作用,会产生出五氧化二氮等氮氧化合物等有毒气体。

(6)甲醇、汽油、丙酮、煤油等有机物,在使用中会大量的挥发,会对人体造成危害。

(7)气体软氮化时,甲醇和氨气进入炉内相互作用后产生氰酸根。

(8)在对热处理工件进行喷砂清理时,所使用的是石英砂,会产生出大量的二氧化硅粉尘。

2.易燃易爆的物质

(1)热处理中所应用的煤油、汽油、柴油等油料,以及乙醇、乙炔、丙烷、丁烷、甲醇、丙酮、香蕉水等有机物,都是易燃易爆的物质。

(2)热处理过程中,如果使用气体和液体燃料的热处理炉因操作不当,也可能发生热处理炉爆炸事故。

(3)热处理淬火工艺中,加热到 800 ℃～900 ℃的工件,如果直接淬入油中,或采用喷油进行冷却,很容易引起火灾。

3.热辐射与光辐射的危害

热处理中,当高达 900 ℃～1 280 ℃温度的工件进出炉时,作业人会受到高温的辐射;当温度在 1 000 ℃以上时,强烈的光辐射会刺激作业人的眼睛。

4.电磁辐射危害

热处理中,需要在高频加热设备旁边工作,这种加热设备会向外发射250 kHz～300 kHz 的电磁波,在 3 m 以内,就能对人体造成危害。

5.触电危害

热处理车间通常用电量很大,很多炉子使用了电加热设备,如油泵、鼓风机、水、抽风机等,都是用电动机做动力的,而且还有不少用电设备用的是高压电。在使用这些设备时,如果违章操作,会发生触电和电击伤等事故。

医药与化工生产安全检查的主要内容

经过 30 多年的改革开放后,我国医药、化工行业得到迅速发展,无论在生产规模、工艺技术,或在产品结构方面,都发生了巨大的变化。医药、化工行业的这些变化,必然要求企业对安全管理、安全技术、生产安全环境,以及在环境保护方面提出更新、更高的要求。医药、化工行业,相对于其他行业,更要强调安全生产的重要性,这是因为医药、化工生产更多地存在着一些危害性巨大的不安全因素,如易燃易爆、有毒有害等。

医药、化工企业的班组长,是班组的安全"第一责任者"。在现代管理中,把班组长职能由"生产型"向"安全型"转变,就要建立健全班组安全管理制度,教育员工牢固树立"安全第一""安全为大"的思想观念,减少事故的发生率。

班组长重视加强安全检查,可以大大减少事故发生率。如果不加强安全检查,随时都会酿成事故,造成企业人员伤亡和财产损失。

2010年某日,一家医药化工有限公司某车间的员工,在对反应釜压料过程中,视镜突然发生爆裂,釜内约2.5 t的成品和其他化工原料混合物,从爆裂的视镜口喷出来,并将沉降在反应釜底部的催化剂带出,当即发生爆炸。爆炸产生的气浪,不仅使车间的墙体轰然倒塌,还掀起了逃生通道上的吊装孔上的铁板,有5名员工从吊装孔坠落死亡。另有十几名员工不同程度地受伤。

事故发生的直接原因是该医药化工有限公司在对氨基苯酚加氢还原装置压料管道上,不当采用视镜。

此外,该医药化工有限公司在变更设计后,未进行风险评估,未向原审查部门申请变更设计安全审查,致使变更内容监管缺失,留下重大安全隐患。另外,该医药化工有限公司在试生产过程中,反应釜视镜曾经发生渗漏及破裂,在竣工验收时,未能如实报告和说明,规避了监管部门的审查。

在疏散通道上,又不当设置了设备吊装孔,为此次事故的发生留下了重大安全隐患,导致操作人员撤离过程中坠落死亡和受伤。

在上述案例中,这家医药化工公司在变更设计后,未向原审查部门申请安全审查,致使变更内容监管缺失。而反应釜视镜曾经发生渗漏及破裂,却未能向有关方面如实报告和说明,规避了监管部门的审查,导致了爆炸事故的发生。如果按照安全监察规程的要求,定期对设备进行检验和安全检查,这些隐患一定会及时发现,也就不会发生人亡物毁的悲剧了。

下面是针对医药、化工生产安全检查的主要内容。

1. 对设施、设备的检查

(1)检查厂房建设。

(2)安全通风设施。

(3)安全出入口。

(4)水封隔油窨井。

(5)防火间距。

(6)防爆结构。

(7)泄压面积不发火地面。

(8)防爆隔离。

(9)围堤。

针对以上内容,班组长要确定建筑物是否符合建筑设计防火规范等有关规定要求,设备是否保持完好状态。

2. 检查压力容器等设备的设计、制造

是否符合规定要求,是否按压力容器安全监察规程的要求,定期进行检验。

3. 检查作业场地和作业环境

是否整洁,道路是否畅通,是否符合劳动卫生标准。

4. 检查电气设备的配置

是否符合爆炸危险场所电气安全规程的要求。

5. 检查各类装置

(1)防火防爆警报装置。

(2)超压警报装置。

(3)安全泄压装置。

(4)安全联锁。

（5）控制等装置。

确保以上装置灵敏、可靠。

6.检查消防设施和器材是否已配备齐全

对于医药、化工行业来讲，因为所用的原辅材料具有易燃、易爆和有毒、有腐蚀的物质特性，工艺复杂，因而在操作时易发事故。针对这一特点，班组长应在生产过程中严格按安全规范进行，遵守安全生产规程。同时在操作时，要注意巡回检查，认真记录，纠正偏差，及时消除隐患，这样事故才能得到有效的控制。

经典案例:经常巡检,防患于未然

作为一名班长,胡林在工作中一直高标准地要求自己,带领班组员工贯彻安全操作规程,多年来从未发生过任何设备、人身、产品安全事故,他的班组获得了总公司级青年文明号班组和厂级五一文明班组的光荣称号。

为了使班组员工增强安全生产意识,他定期在班组举行安全操作规程的学习活动,使大家不仅熟练掌握自己的岗位安全操作规程,还充分了解了其他岗位的安全操作规程。

在提高大家的安全意识基础上,胡林又定期组织工人对生产现场的设施、设备,以及其他安全生产内容进行检查,并将检查的结果进行公布。

1. 及时巡检、防患于未然

有一年春节刚过,工人们还沉浸在过年的气氛中。但胡林没有松懈安全生产的弦,在上夜班时,胡林一边安排员工坚守岗位,一边亲自带着员工进行巡检,排查现场的安全隐患。这时,他突然发现干网跑出辊子端面40厘米左右了,再仔细检查,发现操作面干网较松。他判断为干网操作面张紧气囊没有气了,如果再迟发现2分钟,干网就会报废。

胡林当机立断,按下紧急停机按钮,然后,又登上气罩上层,检查发现气囊已破裂。由于巡检及时,挽救了正常情况下应该报废的干网,同时,还节约了换干网要增加的非计划停机时间4小时。

2. 检查落实、明确责任

在车间领导的大力支持下,为了确保安全生产目标的实现,胡林带领工人们坚持安全防范"三到位":一是风险源辨识到位;二是责任明确到位;三是检查落实到位。对现场的隐患部位加强检查力度,是使安全生产制度落实的有效措施。

在胡林以身作则的带领和督促下,班组成员的安全警惕性都有很大的提高,在遇到一些生产、设备故障时,能够及时纠正、正确处理,从而预防和杜绝了设备、人身事故的发生。

3.消除设备安全隐患

每当车间安装了新设备,胡林都要对新安装设备的原理和操作方法,进行认真、仔细的研究,查找设备的安全隐患,并及时指出了其中存在的漏洞,受到了大家的好评。

(1)加装吊孔安全护栏

胡林在抓班组的安全管理工作时,对安全上各种情况的观察细致入微、考虑周到。在车间纸机刷洗时,拆洗压力筛是固定项目,当压力筛上面的吊孔打开后,便显露出一个大洞,这无疑是一个很严重的安全隐患。

大家每次在操作时,都会细心地把吊孔围起来,并作好安全标志。尽管如此,胡林仍然觉得不安全,于是,他提出制作一张专用的安全围栏。很快,安全围栏制作完工,从而杜绝了一个安全隐患。

(2)加装保险杠

在纸机设备上,有多处是由上下两根辊压紧纸页地方,这两根辊子的入口,就是特别容易出安全事故的地方。胡林经过长期观察,并结合自己多年实际操作经验,在入口处加装了保险杠等安全装置,这项安全隐患得以消除。

平时,胡林还协助车间领导对工人进行安全操作培训,积极参与各种安全隐患的整改。从他身上,体现出了作为现代企业班组长的很高的安全素质。

管理经验:班组生产现场如何排查隐患

对班组长而言,安全管理工作的一个重要任务是做好班组安全生产现场的隐患排查工作。那么,具体如何排查班组安全生产的现场隐患呢?主要有以下两点。

一、分析现场隐患产生的原因

实践表明,员工在操作中的失误(或存在缺陷)是造成事故的直接原因之一,操作人员出现失误一般有以下几种心理状态:

(1)自认为有充足经验,认为绝对安全而进行作业;

(2)尽管感觉到有些危险,但认为问题不大而进行作业;

(3)尽管存在危险,但因为没有感觉到危险而进行作业;

(4)对危险没有预估而进行作业;

(5)认为作业太简单,抱着无所谓的态度,只凭以往的经验进行作业;

(6)主观断定自己的操作方法是正确的,而实施了错误的操作。

二、分析产生隐患的不安全行为与不安全状态

人的不安全行为主要有:

(1)操作失误,忽视安全,忽略警告;

(2)用人力代替工具操作;

(3)冒险进入危险场地;

(4)攀、坐不安全位置;

(5)没有正确使用个人防护用品;

(6)存放物品不当等。

物的不安全状态一般有:

(1)防护、保险、信号等装置不全或存在缺陷;

(2)设备、设施、工具、附件存在缺陷;

(3)个人防护用品、用具使用不当或存在缺陷;

(4)生产(施工)场地环境不良等。

第 六 章

安全生产应急有条不紊——安全事故现场应急与自救互救

各类安全事故的现场急救常识

① 触电急救的注意事项

- 不直接用手触及伤员
- 确定自己处于绝缘状态时再进行救护
- 进行救护时要注意保护自己
- 救护时要抢夺时间

② 化学品中毒急救

- 对现场进行安全通风
- 将伤者救离事故现场
- 让伤者保持呼吸道畅通
- 及时排除伤者体内有毒物质
- 给伤者进行吸氧、人工呼吸或心脏按压

③ 煤气中毒急救

- 通风
- 迅速报警
- 对中毒者进行心脏按压
- 给中毒者吸氧
- 减低中毒者消耗

④ 火灾烧伤的急救方法

- 将伤者从事故现场抢救出来
- 除去伤者伤口处的衣服
- 让伤者采取正确的躺姿
- 为伤者进行简单包扎

⑤ 高处坠落急救方法

- 查看伤者的具体伤情
- 迅速拨打"120"救护
- 为伤者进行简单包扎、止血等
- 接引"120"救护车，送伤者到医院

第一节　现场事故应急

应急准备

现代工业的迅速发展，工业生产力的提高，给人类带来巨大利益；同时，也不可避免地产生一定程度的负面作用，那就是对人和环境的危害。这些危害大都是以各类事故的形式表现出来的。当企业发生事故之前，做好应急准备；而当事故发生后，应急准备提供应采取措施的相关信息；这对于减低损失，减少人员伤亡是必不可少的。由于生产过程的不断发展和变化，需要对应急预案进行不断更新，检验其可行性和适应性，采用最新的技术和装置，提高救援的效率。

现实中，有一些盲目乐观者，对身边存在的安全隐患和可能发生的事故视而不见，直至事故降落到自己的头上，才懊悔莫及。

2010年10月某日，一家金属公司护矿队的4名职工，按照队长的分派，进入一废弃矿洞查看情况，很长时间过去了，仍没有升井。地面上的人采用多种方式与他们联系，却不见回应。于是，留守在矿洞口的监护人员立即向队长报告，队长不敢怠慢，立即向矿领导汇报。矿领导组织了两批人进入矿洞搜寻营救，但12名工人下井，只有3人先后安全升井，9名工人中毒遇难。事后，专业人员下井检测，这座废弃矿洞里的局部区域，一氧化碳浓度高达1.24%，竟高出控制临界值500倍。

在上述案例中，护矿队长在没有对废弃的矿洞有毒气体检测的情况下，贸然指派工人下井查看；当发生问题后，又没有应急准备，盲目救援，结果使事故扩大,最终付出了惨重的代价。

常言道:"亡羊补牢",企业或班组的作业现场一旦发生事故,要立即启动应急预案,在第一时间上报事故情况,请求专业救护队伍救援,杜绝不具备条件的盲目施救。应急准备和响应的重点如下。

1. 易燃、易爆气体

(1)氧气。

(2)乙炔气。

(3)液化气。

(4)天然气。

(5)汽油。

(6)柴油。

(7)油漆。

(8)系列稀料。

(9)废脱模剂。

2. 易燃体

(1)施工保温材料。

(2)聚苯板。

(3)建筑木材。

(4)海绵条。

(5)建筑垃圾。

3. 化学品

(1)硝酸。

(2)氢氧化钠。

(3)硫酸。

(4)盐酸。

(5)氢氧化钾。

4. 作业点、场所

(1)电气焊作业点。

(2)特种作业点。

(3)高温作业面。

(4)电气作业点。

(5)机械作业点。

(6)施工作业面。

(7)施工现场。

(8)办公区。

(9)装修作业点。

(10)防水作业面。

(11)交叉作业面。

(12)高处作业面。

(13)夏季露天高温作业面。

(14)油漆。

(15)防水。

(16)木工装修作业面。

(17)木工棚。

(18)车辆。

5.应急准备组织机构

(1)突发事故应急准备及响应管理小组。

①组长。

②副组长。

③组员。

④紧急事件联络员。

⑤报警员。

⑥车辆引导员。

(2)疏散组。

(3)救助组。

6.突发事故应急准备小组成员管理职责

(1)组长、副组长职责。

①平时应组织组员进行应急演习。

②对紧急事件发生时,应做好的工作和程序要熟悉。

③定期组织小组成员对施工现场应急情况进行检查。

④对施工人员的思想状况,要定期进行分析,做到心中有数。

⑤事故发生后,组长要冷静观察,掌握突发事故的动态。

⑥及时报警。

⑦组织人员抢救伤员,疏散人员,抢运易燃易爆和贵重物品。

⑧公安、消防机关到达火灾、事故现场后,及时报告火场或事故现场情况,配合公安、消防部门进行灭火抢救作战。

(2)组员职责。

①服从应急小组负责人的领导,听从指挥。

②在紧急事件发生的初起阶段,做好应急救助,按照小组负责人的指令,密切配合,尽最大努力,把事故损失和人员伤亡降至最低。

(3)报警员职责。

①事故发生后,报警员在第一时间向有关救助单位报警。

②报警内容应清楚地讲明事故现场地理位置、事故情况、火势大小、人员伤害情况、联系人和联系电话号码。

③报警结束后,主动到路口迎接消防车、救护车或其他车辆。

(4)车辆引导员职责。应与报警员密切配合,将紧急救助车辆负责引导至事故地点,并配合做好疏散工作。

(5)疏散组职责。

①负责在紧急事件发生后,组织疏散人员。

②对人员进行清点,确定失踪人员名单。

③对紧急事件现场进行区域划分,确定危险区域,无关人员应原地待命,不得发生混乱,更不能随意进入危险区域。

(6)救助组职责。

①应具备基本急救常识。

②在专业医疗人员到达之前,对受伤人员进行简单救助。

(7)检查工作。各小组成员负责定期对现场的应急准备及响应工作进行检查,发现问题及时纠正。

①经常检查消防器材。

②检查急救物品，以保证其可靠性。

③经常检查现场的环境。

④检查职业健康安全管理及消防、安全规定执行情况；一旦发现问题，应及时予以纠正。

各小组成员定期对员工进行消防、安全教育，提高安全思想认识，一旦发生灾害及意外伤害事故，做到招之即来，来之能战。

应急演练

企业为预防事故发生或在事故发生时及时援救，而制订了应急准备计划和方案，为检验这个计划和方案的有效性、应急准备的完善性，以及应急人员的协同性，针对事故发生的情景，依据应急预案，模拟开展预警行动、现场处置等，所进行的联合演习。

应急演练可以分为综合演习、单项演习、场内、场外应急演习等；演习根据企业的危险有害因素，预先设定事故发生的地点、时间、特征、波及范围、变化趋势等的事故状况，仿真程度高。现实中，重视应急演习活动的企业，往往会受益匪浅，能够提高员工在紧急情况下处置事故的能力，并提高参演员工的风险防范意识和自救互救能力。

2011年10月某日，一家炼油厂在生产中，减底泵上的出口阀阀芯突然脱落，班组负责人十分重视这次"阀芯脱落"事件，制订了相关的应急预案。在应急处置过程中，班组管理人员根据施工进度，及时制定出了一系列事故应急预案，并写出预案的书面材料，发给员工们学习。

3天后，班长在上班巡检时，发现减底渣油泵开裂，喷出了近400 ℃高温的热渣油。面对十分危急的情况，班长立即关闭泵的出入口阀门，然后快速跑回操作室，带领全班员工迅速赶到现场，进行紧急换泵处理；可此时放空线焊口又断裂了，喷出了高温渣油，遇到空气后自燃着火。

面对险情，班长带领员工使用现有的消防设施控制火势。同时，又报火警并通知车间、分厂有关领导，根据事故应急预案，采取了一系列应急措施,如关闭减底抽出阀、关闭减底液控前手阀、打开常底油去渣油系统连通阀、原油降量、加热炉降温等等,有条不紊地执行应急方案。后来,在及时赶到的消防队员帮助下,很快将大火扑灭了。在这场火灾事故中,没有人员伤亡。

在上述案例中,如果该企业事先没有进行事故应急演习,没有针对各种类型的事故制订应急处理方案,提高员工的技术素质、拥有过硬的应急本领,那么,当火灾发生时,就会乱了方寸,就会使火灾难以控制,给企业造成巨大的损失。从表面上看,应急演习起到"亡羊补牢"的作用,其实,它更大的作用,在于使员工增强了安全意识,在于提高技术素质和应急处理的本领,而这些都是无法用金钱来衡量的。

所以,班组在开展安全活动过程中,应根据工作性质和岗位生产特点,从提高员工的安全意识和实际操作技能入手,开展制订预案、关键位置应急演练等。应急演练的内容如下。

1. 指挥协调

事故发生后,企业应根据事故情景,迅速成立应急指挥部。事故发生的作业现场班组长,也应作为指挥部成员之一。指挥部要全权负责一切事故处理事宜,调集应急救援队伍等相关资源,开展应急救援行动。

2. 预警与报告

根据事故情况,指挥部应向相关部门或人员发出预警信息,并向有关部门和人员报告事故信息。

3. 现场处置

根据事故情景,应对事故现场进行控制和处理。

4. 疏散安置

根据事故情景,应立即疏散、转移和安置危险波及范围内的相关人员。

5. 交通管制

根据事故情景,应建立警戒区域,实行交通管制,维护现场秩序。

6. 应急通信

根据事故情景,应采用多种通信方式,与相关人员进行信息沟通。

7.事故监测

根据事故情景,对事故现场进行分析、观察、测定等,确定事故的影响范围、严重程度、变化趋势等。

8.医疗卫生

根据事故情景,组织相关人员开展卫生监测和防疫工作。

9.社会沟通

根据事故情景,及时召开新闻发布会或召开事故情况通报会,通报事故有关情况。

10.事故原因调查

根据事故情景,应急处置结束后,应对事故现场进行清理、对事故原因进行调查、开展事故损失评估等。

当演练结束后,应及时总结、发现应急演练中存在的问题,不断提高应急预案的科学性、实用性和可操作性。

第二节　　现场急救常识

触电急救

在施工现场,当发现有人触电时,应立即进行急救。触电急救,等于在与死神争夺生命,因此必须分秒必争,就地采用心肺复苏法迅速予以抢救,不要轻易放弃。在抢救的同时,要尽快报警,与医院联系,争取"120"医务人员及早赶来救治。在医务人员未赶到现场救治前,不应放弃抢救,更不能只根据触电者没有呼吸或脉搏,就武断地认为触电者已经死亡,从而放弃抢救,因为只有医生才有权做出触电者已经死亡的诊断。

2009 年的某日,某地一家化工厂的工人葛某与其他 3 名工人正忙着化工产品的包装。这时,班长让葛某去取塑料编织袋。葛某返回时,一脚踏上盘在地上的电缆线,当即触电倒地。现场的其他工人见此情景,急忙把电缆线拉断,又拉下闸刀;然后,将情况报告领导,并打"120"急救电话,接着开始对葛某进行简单的急救。

"120"急救车赶到后,葛某已出现呼吸困难、脸和嘴唇发紫、血压忽高忽低、昏迷等症状。经现场抢救,症状有所好转,再送去医院继续抢救。住院特护半个月后,葛某终于从死神的手掌中逃脱出来。

在上述案例中,当工人葛某不慎触电后,其他工人及时使葛某脱离了电源;同时,又迅速上报领导并打"120"急救电话,葛某获得及时抢救,最终脱离危险。由此看来,如果掌握了触电人员现场救护措施,当现场工人发生触电事故后,就能够在第一时间内进行抢救,与死神赛跑,减轻触电者的伤亡程度或使触电者"死而复生"。进行触电急救应做到以下几点。

1. 不准直接用手触及伤员

当触电者尚未脱离电源前,现场救护人不准直接用手去触及伤员,因为这样做会有触电的危险。

2. 救护时注意保护自己

在实施救护的过程中,首先设法断开触电者接触的那一部分带电设备的开关、刀闸,或其他断路设备,或设法将触电者与带电设备脱离。在此过程中,救护人员既要救人,也要注意保护自己。

3. 使自己绝缘再进行救护

当触电者触及低压带电设备时,现场救护人可采用拉开电源开关或刀闸、拔除电源插头等办法,把电源切断,或使用干燥的木棒、木板、绝缘工具、绳索等不导电的物体,把触电的物体隔离开,也可抓住触电者干燥而不贴身的衣服,将其拖开;但不要碰到金属物体和触电者的裸露身躯。此外,可以戴上绝缘手套,或将手用干燥衣物等包起后,再去弄开触电物体,救护人也可站在绝缘垫上或干燥的木板上,再进行救护。

在解脱触电物体时,最好用一只手去进行。如果电流通过触电者入地,并且触电者紧握电线,此时可设法用干木板塞到其身下,使之与地隔离;也可用干木把斧子或有绝缘柄的钳子等物体,将接触的电线剪断。在剪断电线时要注意分相,一根一根地剪断,并尽可能站在绝缘物体或干木板上进行。

4. 抢夺时间

在进行触电急救时,要抢夺时间使触电者尽快脱离电源,时间越短越好。因为触电的时间越长,对触电者的伤害就越大。在抢救过程中,救护人应注意保持自身与周围带电部分的安全绝缘距离。

5. 高压电触电者救护

当有人触及高压带电设备时,现场人员应迅速把电源切断,或用适合该电压等级的绝缘工具,如戴上绝缘手套,穿上绝缘靴等防护用品,再用绝缘棒去解脱触电者。

6. 采取预防高处坠落的措施

触电者在高处不慎触电,当电源被切断后,有可能会从高处坠落。因此,要采取相应的预防坠落措施。

7. 架空线杆塔上触电者的救护

如果发现有人在架空线杆塔上触电,应迅速把电源切断或由救护人员迅速登杆,束好自己的安全皮带后,再用带绝缘胶柄的钢丝钳、干燥的不导电物体或绝缘物体,把触电者拉离电源。如在高压带电线路上触电,又不可能迅速切断电源开关,可采用抛挂足够截面的适当长度的金属短路线方法,使电源开关跳闸。

在抛挂前,将短路线一端固定在铁塔或接地引下线上,另一端系上重物。但在抛掷短路线时,应注意防止电弧伤人或断线危及人员安全。

8. 救护现场的照明

现场救护触电者时,有时会使用照明电,应使用防火、防爆的应急灯等临时照明。

危险化学品伤害急救

在化工生产作业过程中,由于与之打交道的危险化学品都具有易燃、易爆、有毒、强腐蚀等特性,稍一不慎,就会造成人身伤害。现实中常见的危险化学品对人身的伤害,主要有灼伤、烧伤、冻伤、中毒、窒息等。在作业现场,一旦发生化学品的伤害事故后,就应采取急救措施,及时进行救护。但由于各种原因,没有对伤者采取任何现场急救措施,就匆匆忙忙地把伤者送到医院进行治疗,期间耽误了最佳救护时间,严重影响了对许多急症伤者的救治,甚至使一些原本有希望救活的伤者,失去了最佳抢救时机。

所以,化工企业的员工,应该学会现场急救。班组应该组织员工经常在这方面进行演练,使员工学会在意外伤害和突发性灾害事故时,能迅速采取有效的抢救措施,对伤者进行及时救治,使伤者的伤情减小到最低程度,并为下一步救治创造条件。

2009年某日,有一辆装载危险品的车辆驶进某地高速公路的入口处,忽然发生了侧翻,这时储罐严重变形,危险品也泄露了出来。司机顾不上自己的伤痛,立即拿出手机报警。"110"接报后,马上联系了当地政府有关部门和专业救援力量,在第一时间赶赴现场。

临时救援指挥部对现场采取疏散群众、封路的办法,进行有序的事故处理。然后,他们展开了现场初步调查,讨论了处置方案。有关部门还联系了专家赶到现场进行指导,并制订了现场控制措施。同时,紧急调动吊车奔赴现场,安全转运了侧翻的储罐车。在这次事故中,无人员伤亡,也无重大财产损失。

上述案例堪称一起成功处置化学品泄漏事故的典型案例。由于救援及时到位,应急指挥及时展开,专业化的处置,避免了化学品的进一步的泄漏,没有使人和财产受到危害和损失。这次急救案例的成功经验是值得借鉴的。在化学品泄漏的事故中进行急救应注意方式方法。

在事故发生的现场,空气中通常含有大量氰化氢、硫化氢、氯气、一氧化碳、氯化氢、丙烯醛等有毒气体,无法保证呼吸到充分清洁的空气。一旦吸入含氧量低或有毒物的空气,就会造成人体组织缺氧或毒害,导致人体损害或死亡。

1. 安全通风

发生事故的现场,通常有大量的硫化氢、一氧化碳等有毒气体泄漏,造成危险化学品严重污染区,以及严重缺氧环境,因此,必须立即对现场进行通风。

2.救离事故现场

尽快把伤者救出事故现场,转移到空气新鲜处。

3.终止毒物吸收后清洗接触部位

脱去伤者的污染衣物,用大量流动清水彻底冲洗暴露在外的接触部位。

4.保持呼吸道畅通

(1)解开伤者的衣领和腰带。

(2)清除伤者口腔和鼻腔内的分泌物、呕吐物,以及其他的异物。

(3)托起伤者的下颌或将伤者的头部朝后仰,以此避免舌后坠所引起的呼吸道梗阻。

5.吞咽中毒

对于误服危险化学品的伤者,要及时让其反复漱口,除去口腔内的毒物。此外,还要采取催吐、洗胃、清泻等方法,及时排除伤者体内的有毒物质。

6.急性皮肤吸收及灼伤

应立即将伤者受污染的衣物脱去,用大量的清水或用微温水冲洗,但不可用热水冲洗,冲洗得越早、越彻底越好。冲洗 15 min 以后,再用肥皂水洗净,涂上能够中和毒物的液体或保护性软膏,还要注意观察清洗是否彻底,发生皮肤灼伤的伤者,要用大量的清洁水予以冲洗。如果伤者脸上有水泡或灼伤面积大于手掌的伤者,千万不要把水泡刺破,以免感染;要立即进医院救治,否则会有感染的危险。

7.吸氧

如果伤者出现呼吸困难、紫绀、昏迷时,应立即吸氧。

8.人工呼吸

化学中毒后,伤者常伴有呼吸障碍、休克、心脏骤停等,当伤者出现呼吸停止时,应进行人工呼吸。

9.心脏按压

病人出现意识丧失,无呼吸动作,大动脉搏动消失,即可诊断为心跳停止。这时,急救人员应对其进行胸外心脏按压。

班组长必须经常对员工进行危险品安全卫生教育,并对员工进行必要的应急救护知识和技能培训。这对于作业人员在生产现场发生人员意外伤害事故时,能够做到自救、互救,具有非常重要的意义。

煤气中毒急救

煤气是工业原料之一,也是重要燃料,煤气的主要成分是一氧化碳和二氧化碳。在煤气做燃料和原料的工厂里作业,稍不留神,就可引起急性一氧化碳职业中毒。

一氧化碳中毒可分为 3 级,即轻度中毒、中度中毒、重度中毒。一氧化碳轻度中毒者,其症状通常表现为头晕、头痛、眼花、耳鸣等,并伴有心悸、恶心、呕吐、四肢无力等症状。轻度中毒者经过及时治疗后,症状一般会很快消失,中度中毒者在初期时会显得烦躁、步态不稳、身体多汗。除此之外,还可能出现意识模糊、昏迷等症状,中度中毒者如果抢救及时,几天后就能够恢复健康,也没有明显的并发症。

重度中毒者通常会很快昏迷过去,可持续昏迷达十几小时以上,甚至昏迷几天不醒。同时,还会出现阵发性和强直性痉挛。重度中毒者还会出现肺炎、肺水肿等,并伴有心肌损害、水电解质混乱等严重并发症。如果不能进行有效、及时的抢救,会很快死亡。

慢性中毒者,由于长期反复地吸入一定量的一氧化碳,导致神经和心血管系统受到一定程度的损害,患上神经衰弱综合征、心肌损害、动脉粥样硬化等病症。

2008 年 3 月某日,在一家煤气厂工作的计某,见压送机上有一个阀门损坏了。于是,他拆除了损坏的阀门,打算换上一个新阀门。然而,他在拆卸阀门时却没有戴上防毒面具。当阀门拆除后,有一股煤气泄漏出来,顿时使计某感到头晕头痛,这时计某就戴上防毒面具,又继续作业。但过了一会儿,陈某便感到呼吸困难起来,他并没有引起警觉,而是脱下防毒面具继续工作。当新阀门还没有安装完毕,计某感到身体非常不适,赶紧站起离开作业现场,刚走出十几步,就昏倒在地了。同事发现后,立即把他送到医院抢救,才脱离了危险。

在上述案例中,计某违规拆卸损坏的阀门,吸入了泄漏的一氧化碳,导致中毒晕倒,幸运的是抢救及时,否则后果难以设想。这个案例说明,在发生中毒事故后,相关人员一定要采取合适的措施进行急救,这样才能避免人员伤亡和财产损失。

遇到身边有人煤气中毒,应严格按照以下步骤对中毒者进行急救。

1. 通风

(1)救助者先用湿毛巾捂住自己的口鼻,再冲入急救现场展开援救。第一步骤是关闭煤气总闸,第二步骤是将所有的门窗打开,使新鲜空气进入室内,降低室内的煤气浓度。

(2)这时可到室外换一口气,再冲入现场,把中毒者转移出来,使他们脱离毒气环境。

2. 迅速报警

在现场以外煤气浓度不高的地方,迅速拨打120,及时与医务人员联系。在煤气浓度高的事故现场,要严禁打电话、吸烟、开启电源等,以防引出火花,引起爆炸。

3. 对中毒者进行心脏按压

尽快检查中毒者的脉搏、呼吸、意识等,对呼吸、心跳已停止的中毒者,要进行心肺复苏术。在每进行30次的胸外心脏按压后,再进行2次人工呼吸。

4. 给中毒者吸氧

现场如有吸氧装置,可对神志清醒、有自主呼吸的中毒者,给予吸氧治疗,直至医务人员到来。

5. 减低中毒者消耗

在专业医护人员达到之前,可以先让中毒者先安静地休息,避免中毒者因身体活动或情绪激动而使心、肺负担加重。在寒冷的天气里,还要注意为中毒者保暖。

烧伤救治方法

在生活和生产中,处处隐伏着火灾事故。事实上,近年来,大小火灾事故正呈现着逐渐增多的趋势。据有关方面的统计,我国平均每小时发生大小各类火灾事故 21 起,每天就有 517 起火灾事故的发生,每天因火灾事故而死亡的就有 3 人。火灾隐患像无情的瘟神一样在我们身边隐伏着,说不定哪天就跑出来逞凶。

预防火灾固然重要,火灾发生时的急救也同样重要。因此,班组应对员工进行必要的培训,熟悉烧伤后急救的知识和技能。这样才能在事故发生后做到自救和救护他人,最大限度降低人员伤亡。

1.把伤者从事故现场抢救出来

当作业现场起火后,应迅速把伤员抢救出来,避开火场,阻止持续烧伤,减少烧伤程度。

2.除去伤者伤口处的衣裳

把伤者烧伤处的衣服除去,不要强扯强拉,动作要轻柔,以免碰到伤口处,给伤者带来痛楚。如果伤者是被化学物所烧伤,就要用大量的清水冲洗和冲净伤口处。

3.让伤者采取正确的躺姿

伤者如果处于昏迷状态,为防止伤者的呕吐物、血块堵塞住呼吸道,应将伤者的头部偏向一边,以免窒息。

4.简单包扎

如果有必要的话,可以用干净衣服或被单,给伤者做简单的包扎,保护好创伤面。

5.灭火的正确方法

在起火现场,不要奔跑,因为奔跑会引起风流,加重燃烧。自救时,应迅速脱去身上燃烧的衣服,或就地卧倒,缓慢地打滚压灭火焰,或跳入附近的水池、河沟内灭火。如果是他救,应按倒伤者,以毯子、棉被、雨衣、雪、砂土等压灭火焰。

6.化学烧伤的急救

由于各种强酸碱会烧及皮肤,应立即用水反复冲洗皮肤,尽快缩短化学剂接触皮肤的时间。当沥青烧及皮肤时,也应迅速用水冲洗冷却。然后,结合清创术,用甘油或汽油洗去沥青。

7.给伤者止痛

烧伤后,伤者会感到剧烈的疼痛,可以给伤者口服止痛片、止痛剂,让伤者减轻痛苦。

8.尽快送医院救治

应尽快把被烧伤的患者送往医院救治,并有专人看护。

机械伤害急救

在工厂、施工现场,都可以看到机械的身影,而机械伤害也时刻威胁着员工的生命和健康。我们的头、颈、胸部、腰部、脊柱、眼、四肢等,从头到脚都可能被机械所伤害。有些机械伤害会造成人体多处受伤,甚至会留下终生痛苦的后遗症。当机械伤害的事故发生后,对抢救受伤者的现场急救是很重要的,如果现场的急救及时、到位,不仅能够减轻伤者的痛苦,还能争取抢救时间,挽救伤者的生命。

2009年8月5日,一家船舶工程企业的装配工正紧张地进行装配工作。在安装过程中,由于肋板与底板之间存在较大的缝隙,难以焊接定位,即使用拉撑也很难拉近两板的距离以进行定位,装配工张某便爬下分段,用油压千斤顶去顶底板,想把肋板和底板合拢。此时,另有几名搬运工人在准备作业材料,由于材料不方便运输,他们便想到可以通过移动流水线来搬运物件。其中有一人来到流水线控制操作台,擅自开动了流水线。不料移动的流水线带动了分段,压住了正在作业的张某的背部。

张某发现自己被挤压后,立即大喊正在操作流水线的人停止操作,站在分段上的刘某立即和工友跑过来对张某施救。他们找了两个夹板夹住分段的边沿,进行起吊救援,十多分钟后,张某终于被众人从流水线上拉抬出来。在接受了简单的紧急救治后,张某被送往医院,后来经过医院的及时救治,他逐渐恢复了健康。

在上述案例中,搬运工未经许可,并于无人在现场监察的情况下,擅自开动流水线,致使流水线上的分段移动,把张某压住正在滚轴上。所幸的是,现场作业人员刘某等人及时救援,把张某从死神手里夺了过来。

试想,如果在事故发生后,现场人员陷入惊慌失措之中,耽误了急救的最佳时机,那么被压在滚轴上的张某肯定就会气绝身亡了。要想抓住短暂时间,进行有效的现场急救首先要熟悉并掌握急救的知识、程序和技能,有效地利用时间。

(1)当发生机械伤害事故时,班组长首先要保持镇定,不能惶恐和慌乱。如果自己没有受伤,应关注身边的受伤者,迅速对伤者进行急救检查。在急救检查时,应先察看对方的神志和呼吸,再摸脉搏、听心跳、查瞳孔,检查伤者有无局部创伤,或是否出血、骨折、畸形等,根据伤者的情况,有针对性地采取止血、心脏按压、人工呼吸、包扎、固定等临时应急措施。

(2)发生事故后,要迅速拨打"120"急救电话,联系医疗救护单位,并派人到路口迎候救护人员。

(3)由于受到机械外伤或脑脊髓受到损伤、剧痛等,伤者通常会陷入休克状态。这时应采取以下措施救护:尽量让休克的伤者平卧、不用枕头,腿部要抬高 30°左右。如果是心源性休克,同时伴有心力衰竭、气急,不能平卧时,可以让对方半卧着,但要注意保暖,注意保持安静,尽量不要搬动伤者的身体,如果必须搬动伤者时,动作尽量放轻。

(4)检查伤者的呼吸道是否被舌头、分泌物或其他异物堵塞。

(5)如果伤者出血,进行必要的止血及包扎。

(6)不要给昏迷或半昏迷的受伤者喝水,以防液体在进入呼吸道时导致窒息,也不要用拍击或摇动的方式,试图唤醒昏迷者。

(7)做人工呼吸时,让伤者仰卧,急救人员位于其头部一侧,捏住伤者的鼻孔;深吸一口气后,将自己的嘴紧贴伤员的嘴吹入气体。之后,离开伤者的嘴,放开鼻孔,以一手压伤员胸部,助其呼出体内气体。这样有节律地反复进行,每分钟进行 15 次。在吹气时,不要用力过度,以免造成伤员的肺泡破裂。

(8)按摩伤者的胸外心脏。在对伤者吹一次气后,就作 4 次心脏按摩。在按摩时,急救者的双手重叠,放在伤者胸部正中,用力向下挤压胸骨,使胸骨下陷 3 cm～4 cm,然后迅速放松;在放松时,手不离开胸部。

这样反复有节律地进行。按摩速度应以每分钟 60～80 次为宜。

按摩时,用力要均匀,所用的力量大小,要看伤者的身体及胸部情况而定。需要注意的是,按压时,用力不要过猛,以免造成作者的肋骨骨折,其中有个小窍门是手臂不要弯曲。

中暑急救

中暑是常见的病症之一,也是企业保证安全生产需要注重的一个方面。在高温条件下,人的脑膜会发生充血现象,此时大脑皮层缺血,人体体温调节功能会发生紊乱,从而引起中暑。尤其在一些过分狭窄、拥挤的作业现场,比如通风状况不好的车间,当气温较高时,一些员工就会感觉呼吸急促、身体抵抗力低下,这就是一种中暑症状。

中暑虽然常见,却不能小视,因为中暑严重者可能会面临生命危险。当然,只要急救及时,方法得当,是能够使中暑得到缓解,并转危为安的。以下就是中暑的急救方法。

1. 脱离高温环境

当有人中暑后,应使对方立即脱离高温环境,把对方转移到阴凉通风处休息。这时要使对方舒适地平卧着,头部抬高,并将衣扣都解开。

2. 补充水分

如果中暑者神志还比较清醒,也没有恶心、呕吐等症状,应把含盐的清凉饮料、茶水、绿豆汤等给其喝下,这样就会起到既降温、又补充血容量的作用。

3. 人工散热

如果身边有电风扇等,可用电扇吹风,给其身体散热,但不能直接对着中暑者吹风,防止其感冒。

4. 冰敷

可用冰棍、冰激凌、冰块等放入塑料袋内,封严密后,作为冰袋,放在中暑者的头部冷敷,或放在中暑者的腋下、腹股沟等大血管处。此外,也可用冷水或 30%酒精擦浴身体,直至皮肤发红。另外,还要注意给中暑者量体温,最好每 10 min～15 min 测量 1 次。

5.露天中暑的防护与急救

炎夏在露天作业的员工,因长时间在强烈的阳光下暴晒,体内温度升高,大脑内部的体温调节中枢将因受到破坏而停止活动。因此,露天作业者,最好戴上遮阳帽,防止在阳光下曝晒太久。

万一出现中暑现象,应该赶快急救,可以用水袋或冰袋(没有条件的话,也可以用冷湿的毛巾)敷在中暑者的头上。此外,也可将海绵浸渍酒精,毛巾浸着冷水擦拭中暑者的身体。同时,救助者要不间断地给中暑者扇凉,降低其体温。当中暑者恢复知觉后,可以喂他一些盐水喝。

毒气泄漏的紧急救助

在化学品的生产、使用或运输的过程中,由于操作不当或其他原因导致化学品泄漏时,很容易造成现场人员急性中毒的事故。在化工厂里,泄漏的毒气主要是以刺激性气体和窒息性气体为主。

刺激性气体对眼睛和呼吸道黏膜有刺激作用,它是化学工业经常接触到的有毒气体,最常见的有氯、氨、二氧化硫、三氧化硫、氟化氢、光气、硫酸二甲酯等。而窒息性气体主要有甲烷、乙烷、乙烯、氮气、一氧化碳、氰化氢、硫化氢、硝基苯的蒸气等,这些气体虽然没有很强的毒性,但能造成人的机体缺氧。

因为气体的特性,毒气泄漏事故往往发生得很突然,危及的范围也比较广,一旦发生,很难控制。对班组长来说,在毒气储运场所作业时,就要格外注意安全防护。

蔡某是一家化工厂的员工。2008年9月某日,厂内一个四氯化硅的粗储罐发生了堵塞,班长和一名员工带着防毒面具,打开了其中一个罐的截止阀门。看到无物料、无压力泻出后,班长便使用钢筋疏通在粗储罐下部堵塞的主管道。这时蔡某见他们干得很辛苦,就上前接替班长二人继续疏通管路,但他并未戴上防毒面具。班长吩咐他戴上防毒面具再进行操作,但他没有照办。

过了一会儿,突然从打开的阀门下端泻出了一股物料。瞬间,一片有毒的白色烟雾便弥漫了整个操作间,并迅速从敞开的门窗向室外扩散。

蔡某因吸入毒气而中毒,倒在了地上。

事后,已经离开现场的班长见到烟雾,立即向上级报告情况并联系救援人员。然后,他戴上防毒面具进入事故现场,关闭了管道阀门,又立即将倒在地上的蔡某拖离了现场。经过一番现场急救后,蔡某被安排送到医院抢救,最后痊愈出院。

在上述案例中,蔡某没按安全规定佩带防护用具上岗操作,导致在毒物泄漏后中毒倒地。所幸的是,在事故发生后,班长现场救治及时,没有造成蔡某深度中毒,并被及早送到医院救治,挽救了蔡某的生命。

对毒气泄漏事故来说,强调预防的重要性,一定远远大于事后救护。另外,遇到事故发生,逃生与报警的优先级要更高。事实上,国家相关部门对于毒气泄漏的处理,是有特殊要求的,但即使作为一般的生产者,班组长也很有必要了解一些毒气泄漏事故的常识。

为了减少有毒气体泄漏所造成的危害,我们应该注意以下几点。

(1)遇到毒气泄露立即报告。发生毒气泄漏事故,应该迅速报告上级和当地安全、卫生部门。在报告时,应尽可能说清中毒发生的地点、时间、中毒人数、侵入途径中毒症状等情况。比如,作为现场工作人员,要尽快报告部门领导,同时报警,还要联系"120",以便及时救治受害者。

(2)现场须戴上防护面罩。如果身在毒气泄露现场,应立即穿戴防护服装,并检查防毒面具等是否有漏洞,能否起到防护作用。如果现场没有防护服装或防毒面具,就应用自己的帽子、口罩、衣服等,保护自己的口腔、眼睛、鼻子等,防止摄入毒气。

(3)避开现场。当现场毒气泄露量很大,而又无法采取措施防止泄露时,如果现场的通风条件差、又比较封闭,那么,应迅速撤离毒气泄露场所。在撤离时,不要顺着毒气流动的风向走,而要逆着风向撤离。

(4)撤离现场后,立即到医院检查和治疗。

(5)进入有毒气体的作业场所前,应先对现场进行强制通风,并用检测报警设备或试纸,对现场空气进行测试,确认安全之后,再佩戴防毒面具进入现场。同时,在危险区外要有人监护,不要在没有防护装备的情况下轻易进入现场。

高处坠落急救

在高处作业的过程中,如果相关人员操作失当,随时有可能发坠落事故。当坠落事故发生时,现场人员不可惊慌失措,更不可扔下伤者,只顾自己逃离,应视情况对伤者进行抢救。但在抢救时,不可带有盲目性,对伤员实施急救时,应先观察伤者坠落的线路。弄清坠落事故发生的原因及过程,才能科学地进行救护,避免给被救人员带来二次伤害。

2008 年 5 月某日,在一处建筑工地上,工人顾某不慎从三楼坠落到二楼的护栏后,又再次坠落到一楼地上。事后,上前急救的几名工友,没有发现顾某身上出现明显伤口,也没有看见出血的地方,于是便拽腿的拽腿,抱头的抱头,七手八脚地把顾某塞上了车子,急忙送往医院救治。

途中,他们忽然发现顾某的右耳朵内出血。因为担心顾某出血过多,他们把顾某的头偏向左,摆成右耳向上的姿势,并用随身带的纸巾堵塞了右耳。到达医院后,经过大夫检查,诊断为颅底骨折伴脑出血、腰椎爆裂性骨折伴明显移位、右侧肋骨多发性骨折伴血气胸。尽管医院对顾某全力抢救,但顾某最后仍因颅内严重感染而死。

在上述案例中,由于顾某的工友们不懂得高处坠落伤者的现场急救方法,在送往医院的路途中救护不当,导致顾某的伤情加重,结果不治身亡。可见,对于高处坠落的伤者现场救护,必须掌握正确的方法,否则很可能会适得其反。

在高处作业时,当有人不慎坠落,班组应组织员工对伤者进行急救,方法如下。

1.伤者的具体伤情

在高处作业时,如果有人不慎坠落,现场员工首先看其是否清醒,能否自主活动,如果能站起来或能够移动自己的身体,而且医院就在附近,可以让其躺下用担架抬送医院,这样可以争取时间尽快救治。

2.在第一时间里拨打"120"救护

如果伤者已不能动或神智显得不清醒,此时切不可乱抬,更不能把伤者背起来送医院。这样极容易拉脱伤者脊椎，造成永久性伤害。因为高处坠落者往往会合并颈椎和脊柱的损伤，如果随意搬动伤者，伤到了脊椎，极易引起不同程度的瘫痪，造成更大的伤害。这时最好的办法是立即拨打"120"，请救护车前来运送伤者去医院救治。

（1）拨打"120"时要告知伤者详情。在电话中要告知伤者性别、年龄、坠落的具体情况、伤情，是否有神志不清、呼吸困难等症状，以便急救人员做好准备，到达后对症抢救。

（2）告知详细地址。在电话中，要清楚、准确地讲明伤者所在的位置，包括附近的标志性建筑，以及救护车进入此处的方向、位置，特别是夜间，地址越详细越好，以便急救人员可迅速、准确地到达现场。

（3）留下可联系的电话号码并保持电话畅通。最后要把可联系的电话号码提供给对方，以便救护人员随时通过电话联络，进一步了解伤情和电话指导抢救。

说清楚以上内容，得到"120"指挥中心示意挂机后，方可挂机；然后，再派人到接车地点，等待"120"转呼急救中心出车救护。

3. 怀疑伤者某关键部位有损伤

伤者在坠落时，颈椎可能受到损伤，这时应把伤者平抬到担架上，派有专人牵引、固定其头部，并上颈托。如果一时没有颈托时，应把沙袋或衣物在伤员颈部的两侧各放一只，以防伤者头部扭转或屈曲，导致颈椎损伤加重。

如果伤者在坠落时，脊柱发生了骨折，那么，应由 3～4 人站在同一侧，同时托住伤员的头、肩、臀、下肢等处，把伤员平托起来，平放在木板上躺着，并用绷带加以固定。伤者最好取俯卧位，并在胸腹部放一软枕。严禁采用"搬头搬脚"的抬抱方式，来移动或搬运伤者，也不可使用普通的软担架搬运。当然，如果有专业的医生护士在现场指导更好。

4. 外伤出血处理方法

（1）伤者身上如果有较小的伤口，应先用冷开水或洁净的自来水冲洗，但不要去除已凝结的血块。

（2）如伤者的腹部出现有开放性的伤口，应用清洁的布或毛巾等覆盖伤口,不可将脱出物还原,以免感染。

(3)如发现伤者的耳朵、鼻孔出血,则有可能是脑颅受到损伤,这时千万不能用手帕、棉布或纱布去堵塞,以免造成颅内压力增高和细菌感染。

如果伤者外伤出血,应立即用清洁布块压迫伤口止血,当压迫无效时,可用布带或橡皮带等在出血处的肢体身躯处捆扎;如果是上肢出血,可结扎在臂上 1/2 处;如果是下肢出血,可结扎在大腿上 1/3 处。每隔 25~40 分钟放松一次,每次放松 0.5~1 分钟。同时,做好标记,注意上止血带时间和放松时间。

5.昏迷伤者的救治

伤者如果出现昏迷状态,但仍有心跳和呼吸,这时应将伤者的头偏向一边,防止伤者的舌根后倒,使呼吸不畅。此外,伤者口中可能会有脱落的牙齿和积血,应立即予以清除,以免被伤者吸入气管,造成窒息。

对于已无心跳和呼吸的伤者,应立即进行人工呼吸和胸外心脏按摩,待伤者心跳和呼吸恢复后,再将伤者平躺在在硬木板上,及时送往医院抢救。

第三节 火灾逃生方法和事故现场报警及急救知识

遭遇火灾逃生方法

当作业现场发生火灾时,班组长带头做到保持镇静,不惊慌失措,更不要盲目地行动,应带领员工选择正确的逃生方法。由于火灾现场的温度是非常高的,而且越来越浓烈的烟雾会挡住逃生者的视线,能见度非常低,甚至在长期作业的车间里,在那一瞬间,也很难看得清楚窗户和门的位置了。

在这种混乱的情况下,现场作业人员更需要保持冷静,千万不能惊慌,因为此时如果惊慌起来,就会茫然失措,缺乏正确的逃生方法,也找不到逃生之路。如果保持冷静的心态,即使被困火灾中,也可以利用周围一切可利用的条件逃生。

2011年10月某日,某城市的一家电子有限公司生产车间突然起火,正在上班的员工却没有惊慌,按照以前演练的步骤,有序地撤离,撤离所用的时间不到一分钟。

同时,现场人员又拨打了"119"报警电话,并及时将火情上报给相关部门。在消防队的现场指挥和奋力抢救下,大火被及时扑灭。由于安全通道畅通、员工撤离迅速,事故未造成任何人员伤亡,所有员工安然无恙。

火灾虽然不是好事,但这家公司的生产车间全体员工,能在火灾中安然脱险,却是不幸中的大幸。这是该公司火灾事故应急处置中的一个成功案例。

在上述案例中,这家电子公司的生产车间由于领导高度重视安全生产工作,狠抓各项安全防范措施的落实,经常组织班组员工开展应急救援演练,正是平常工作的积累,提高了员工的安全意识。当车间发生火灾后,工人们毫不惊慌,按照演练中的程序,有条不紊地从火灾中成功逃生。因此,当遭遇火灾后,应采取正确有效的方法自救逃生,才会避免或减少人身伤亡损失。

1. 平房火灾

(1)判断火势。当作业现场发生火灾时,要保持镇静,应迅速判断危险地点和安全地点,如果周围火势不大,应迅速离开火场。在撤离时,千万不要盲目地跟在人流后面拥挤或乱冲乱窜,在撤离时,要朝明亮处或外面空旷的地方跑。

如果发现火势尚未对人造成很大威胁时,应使用身边的灭火器、消火栓等奋力将小火扑灭,控制住。如果置小火于不顾,只顾自己逃生,反而使小火酿成大火灾。

(2)逃生时的防护措施。在撤离火场时,为了防止浓烟呛入肺部,应把毛巾和口罩蒙住鼻子,然后再匍匐撤离。因为烟气比空气轻,一般飘在空中,只有贴近地面匍匐撤离,才能避免烟气吸入肺部。当穿过烟火封锁区时,应佩戴头盔、防毒面具、阻燃隔热服等防护用具,如果没有这些防护用具,可向自己的头部或身上浇冷水,或用湿棉被、湿毯子、湿毛巾等将头和身子裹好,然后再冲出火场。

(3)自救办法。如果身上的衣物着火,千万不可惊跑或用手去拍打身上的火。此时应该把衣物迅速脱掉,或者就地滚动,以身体压灭火焰。如果附近有水池、小河,可以跳进去将身上的火熄灭,或让人向身上浇水、喷灭火剂,这样就能有效地把身上的火熄灭掉。

2.楼房火灾

(1)不要盲目打开门窗。当处在楼房的作业场所发生火灾时,不要盲目去打开门窗;否则,就可能会引火入室。

(2)不要盲目乱跑或跳楼。楼房的作业场所着火时,不要盲目乱跑,更不要跳楼逃生,这样可能会造成不应有的伤亡。

(3)紧闭门窗,隔断火路。当火焰和烟雾没有蔓延到居室里或者阳台上时,可以撤到那里,然后紧闭门窗,隔断火路,等待救援。如果有水源,可以不断向门窗上浇水降温,以延缓火势蔓延。

(4)避免有毒有害烟气侵害。当火灾发生时,常会产生对人体有害的有毒气体,因此,此时要预防烟毒,尽量选择在上风处停留,或以湿的毛巾、口罩,保护口、鼻及眼睛,避免有毒有害的烟气侵害。

(5)不可使用电梯逃生。高层楼房的作业场所失火,不可使用电梯撤离,应通过防火通道走楼梯逃生。因为在失火后,电梯竖井往往会成为烟火的通道;此外,电梯随时可能会发生故障。

(6)可以从二层处跳下逃生。处在楼房的作业场所,由于火势过猛,逃生的通道被切断,只能从楼房内逃生的,可以从二层处跳下;跳楼时,应尽量朝救生气垫的中部跳或选择下面有软雨篷、水池、草地等方向跳去。能够找到棉被、沙发垫等松软物品最好,如果找不到,也可以撑着一把结实的雨伞跳下,以减缓跳楼的冲击力。

如果从二楼跳下去,一定要扒住窗台或阳台,使自己的身体自然下垂跳下,以尽量降低垂直距离。在落地之前,要双手抱紧头部,使身体弯曲成一团,以减少伤害。

如果地上没有铺上救生气垫,就要选择不坚硬的地面跳;同时,还应从楼上先扔下被褥等柔软的东西,增加地面的缓冲。然后,再顺着窗子滑下去,要尽量缩小跳楼的高度,做到双脚先落地。此外,还可以将粗绳索的一头系在窗框上,然后顺绳子滑落到地面。

(7)要尽量往楼层下面跑。如果下楼的通道已经被烟火所封阻,那么,应背向烟火方向撤离,再通过气窗、阳台、天台等地方,朝室外逃生。

掌握报警程序

班组长在对员工进行安全知识教育和培训时,让员工学会并掌握正确的报警程序。当作业现场发生火灾后,现场作业人员应立即采取应急措施,切断与火灾相关的火源、电源、气源;同时,把易燃易爆物品搬离起火现场。此外,还应立即拨打"119"火警电话。在向消防队报警时,要讲明起火地点、起火部位、被烧的物资,以及火势的大小、被困人员情况、联系电话号码、行走路线等,并派人到约定地点,接引消防车进入火灾现场。

有的员工被大火所吓倒,变得惊慌失措,在打电话报警时,说话语无伦次,对方根本听不清楚他在说什么,结果反而耽误了灭火的宝贵时间。

周某是一家企业的焊工,才调来这家单位上班不久。这天,周某在作业现场焊接时,不慎引燃了附近的纤维板材料,因为现场没有灭火器,周某只好给"119"打电话报警,请求"119"派一辆消防车来现场灭火。

"119"指挥中心接警员询问他在哪里? 他答道:"就在我们单位附近呀。"

"119"接警员又追问起火地点的具体位置在什么地方?

周某说:"我也不知道,我才来这里上班没几天。"

"119"接警员问:"您单位叫什么名字? 在哪条路? 旁边有什么典型的大建筑?"

周某回答说:"是××公司呀! 但哪条路我不知道,附近是一个工地,其他啥都没有。"

"119"接警员听了半天,仍是一头雾水。

等到好不容易问清楚了起火的地点，派出的一辆救火车开到现场时，火焰已经把现场所有的设备、工具等财物都烧光了。

在上述案例中，周某以刚来单位为理由，在向"119"报警时，前言不搭后语，一问三不知，让接警员陷入一片迷茫之中，结果贻误了最佳的灭火时机，现场的设备、工具等财物全被大火所吞噬。

在生活中，这类状况是常见的，很多人遭遇火灾后，由于紧张、情绪激动或惊慌失措，在匆忙拨打"119"报警时，一时片刻会说不清火灾发生的地点，以及其他详细的情况。所以，在报警时，一定不要慌张，要把话说清楚，让接警员在较短的时间内就能听明白。

1. 在第一时间内报警

一定要在第一时间报警，越快越好。如果手机发生故障，可以在火灾现场借用有电话的单位、个人及公用电话报警。

2. 报警时要把话说清楚

报警时，要按接警员的提示，讲清报警求助的基本情况，如火灾现场的原始状态如何，有无采取措施，现场人员的人数、特点、受伤情况等。

3. 按接警员的询问如实回答

讲清您的姓名、联络方法、起火现场所在位置等，并按接警员的询问如实回答。同时，应提供起火现场附近明显的建筑物、大型场所、单位的名称或在路口引导。

4. 专人接引消防车

报警后，应安排专人在路口等候"119"消防车的到来。

熟练掌握常用的急救方法

在班组的安全生产培训过程中，班组长应当手把手地教会员工掌握几种常用急救方法。这样一旦作业现场发生事故时，员工就会使用这些急救技术。在不需要或很少需要医疗设备的情况下，对伤者采取必要的急救措施，使受伤的员工在被送往医院之前，减轻痛苦，避免伤情的扩大化，为彻底治愈奠定基础。

2002年某日,某县一家企业的机修班长斯某带领两名机修工铺设新的电缆线。在作业过程中,斯某一人去做电缆线捆扎整理工作,由于在作业前,斯某未对作业现场进行检查,不知道该起重机在运行时,底部机架会产生漏电。当他准备把捆扎整理好的电缆线用铁丝吊在起重机底部机架上时,当即碰触出电火花,落在旁边的汽油盆里,引燃了大火。

此时,斯某被一团大火包裹,成了"火人"。在一起作业的员工黄某见此情景,赶紧关掉电闸,同时又将窗帘扯下,把斯某从头到脚包住,灭掉了斯某身上的火。然后,脱掉斯某的衣裳,对休克的斯某进行了按压胸脯、人工呼吸等急救,斯某终于有了呼吸,情况开始转好。

这时,"120"救护车赶来,把斯某急送医院。经过医生的全力抢救,斯某终于从死神的魔掌中逃脱出来,重新获得了生命。

在上述案例中,斯某虽然身为班长,但在作业过程中,却没有遵照安全生产操作规程去工作。事前未对机架进行验电测试检查,未发现起重机运行时漏电产生电火花,而且没有安全放置属于易燃物的汽油,却把这样的易燃物违规放在作业现场,导致引发一场火灾。

所幸的是,员工黄某及时对他进行了急救,使他转危为安。经历这一生死劫后,相信这位班长一定颇有感悟,对安全生产操作规程再也不敢漠视,在此后的工作中,会重视安全生产制度的执行了。

掌握火灾受伤的急救方法,需要一点医学常识。

1.用清洁水冷敷或浸泡创面

对于头、面、四肢等中、小面积烧伤者,应用清洁水冷敷或浸泡创面,每次持续2小时左右,直至创面不痛或稍痛为止。

2.补充液体

给伤者口服淡盐水、淡盐茶、烧伤饮料等饮品,补充体内水分。

3.凝固汽油燃烧的灭火

当现场有凝固汽油爆炸时,可用雨衣或他物品遮盖自己的身体,等到油滴落下后,再抛掉遮盖物,离开燃烧现场。如果身上不慎着火,不要用手直接去扑打身上的火焰,要用湿布或砂土去覆盖身上的火焰,或跳入水中。现场如果有浓烟,可用湿布掩盖口鼻,以此来保护呼吸道。

4. 磷烧伤的急救

磷可以在空气中自燃,而且在皮肤上会越烧越深。磷还能经创面吸收,造成人体肝、肾的损害,以及中枢神经系统的中毒症状。磷及磷的氧化物一旦接触人的皮肤黏膜,都会烧伤人的皮肤。如果皮肤不慎被磷烧伤,应用湿布覆盖在创面上,并浸入水中。

同时,用1‰硫酸铜溶液浸洗后,移除黑色磷化铜颗粒,并用2‰~3‰碳酸氢钠液中和磷酸。不要将受伤的创面暴露在空气中,也不要用油膏去包扎,因为磷很容易溶于油脂类,溶解后被人体所吸收。在施救过程中,现场作业人应用湿布掩盖口鼻,防止磷化物进入呼吸道内。

5. 化学烧伤的急救

(1)沥青烧伤的急救。当皮肤被沥青烧伤时,也可用水迅速冲洗创面;当创面冷却后,再用甘油或汽油洗去沥青。

(2)强酸碱烧伤的急救。作业人员的皮肤如果不慎被各种强酸碱烧伤,应立即用水反复把创面冲洗干净,减少化学剂接触皮肤的时间。

6. 保护创面

将伤者救出起火现场,安置于适当的地方,脱去或剪开伤者身上的衣服。然后再用各种纱布或布料作初期的包扎,以清洁的衣服或被单等覆盖在创面上,目的是保护伤者的创面,避免再污染或损伤。

伤者在现场抢救出来后,最好在4小时内就要送达医院救治。如不能在此时间送到医院,应就地抗休克,待休克已基本平稳后再送。

熟知常见生产事故应急处置方案

有些行业和岗位容易发生火灾事故,对这类火灾高危的重点岗位,班组应当制定重点岗位的事故应急处置方案。这种应急处置方案,是针对具体的岗位、场所、设备装置、设施等环境所制定的应急处置措施。事故应急处置方案,应该简单化,但又应具体、针对性强。此外,事故应急处置方案还应包括应急处置程序、应急处置要点、危险性分析、可能发生的事故特征,以及其他的注意事项等内容。

班组成员都应该对这个方案应知应会,熟练掌握,并通过应急演练,做到迅速反应、正确处置。一旦作业现场发生火灾，就能派上用场，减轻火灾带来的损失。

2011年初，某矿就开始对所有的班组进行安全生产教育，每一个班组都制订了各类事故应急处置方案，其中包括火灾事故应急处置方案，对照方案定期进行安全防范演练。

当年6月中旬，矿机修队接下了井下安装胶带运输机的任务。一天，机修队的几名焊工在井下切割钢板。当切割完钢板时，焊工韩某忽然发现平台下残留的胶末、胶带条起火了。正在一旁干活的林某一见，顿时慌了，顺手拿起一块木板扑打，但火势反而越来越大。班长见此情景，赶紧制止林某说："木板带起风，会使火势更大，赶紧用灭火器灭火！"

说着，班组长指挥大家拿起灭火器。在之前的演练中，大家都已经学会了如何操作灭火器，这时，大家很熟练拧开了灭火器的喷头，把一股股粉末和水剂射向火焰，很快就将火焰扑灭了。这次火灾事故中，没有人员伤亡，财产损失也很小。

在上述案例中，火灾事故之所以被及时扑灭，主要原因是班组在事前就制订了事故应急处置方案，并经常进行演练，使员工们掌握了灭火的基本技能。

下面是火灾事故常见应急处置方案。

1. 确定火灾事故特征

（1）火灾事故地点。

①班组作业处。

②其他地点。

（2）火灾事故的因素。

①化工设备、设施跑冒滴漏的气体，遇到明火、电火花、焊火花，引燃成火灾事故。

②变压器、开关、插销、电钻、电动机、接线三通、打点器、电缆等机电设备损坏，以及过负荷、短路引起的火灾事故。

③电焊、气割在作业时，引燃的火灾。

2.应急组织及自救的形式

(1)成立事故应急组织。班长全面领导火灾事故的应急处置工作。

①组长由班长担任。

②副组长由组长、兼职安全员担任。

③成员即全部班组成员担任。

(2)自救的形式。在班前会上,应急自救由当班组长讲述作业时发生火灾事故的自救方法,以及火灾受伤急救的基本知识,并且在现场演示发生事故后的自救方法。

(3)应急组织的职责。

①组长的职责。全面负责火灾现场的指挥救援。

②兼职安全员的职责。配合组长进行现场指挥,负责现场灾情变化汇报。

③电工的职责。负责切断作业现场的全部电源。

④班组成员的职责。协助事故现场救援工作的有效进行。

3.应急处置

(1)应急处置的原则。事故现场自救,应遵守以下原则。

①把事故控制在最小范围。在保证生产安全的前提下,采取积极有效的措施,将事故控制在最小的范围,最大限度地减少事故所造成的伤害和损失。

②及时进行个人安全防护。当火灾扩大,现场十分危险时,应及时进行个人安全防护,佩戴自救器或用湿毛巾,捂住鼻、口等。

③以最快的速度撤离。当火势蔓延时,应选择最近的路线,以最快的速度,安全撤离灾区。

④暂时躲避,等待救援。如果在短时间内无法安全撤离火灾现场,应迅速进入安全地点暂时躲避,等待救援。

⑤立即向现场领导报告。当事故发生时,应立即向现场领导报告或通过电话报警。

(2)事故应急处置程序。

①直接灭火。当发现火灾时,应立即直接用水、灭火器、沙子等,进行

灭火，控制火势。

②确定避灾路线撤离事故现场。如果采用直接灭火的方法，仍不能将火扑灭，结合事故现场实际条件，班长要确定避灾路线，将全部人员撤离。

③迎风撤离。现场人员要迅速带上自救器具，迎风撤离，躬身沿着最近的避灾路线，快撤至新鲜风流中。

（3）现场应急处置措施。现场作业人员应根据现场情况，判断火势情况。如果在保证安全的情况下，能够扑灭火灾或能够控制火势，应先救灾后报告。反之，应立即向班长报告。

如果现场不能保证人身安全时，应立即撤离。在撤离之前，要切断作业地点的电源，并通知其他人员一同撤离到安全地点。

4.撤离时应注意的事项

（1）佩戴自救器具。

①撤离时，要注意防护面罩不漏气，绝不可拿下器具说话，需要联络可以打手势。

②撤离时，要快步行走，保持呼吸均；如果情况十分紧急，可以快跑。

③要清楚记住避灾路线，不可乱跑。

（2）现场自救、互救的注意事项。对伤者急救时，窒息或心跳、呼吸刚停止不久的伤者，必须先复苏，后转移。

（3）应急处置时的注意事项。在避灾救援中，要服从指挥、坚守纪律，照顾好伤员。在夜晚撤离时，沿途要做好标记、信号，以便救护队跟踪寻找。

（4）使用抢险救援器材方面的注意事项。作业人员应掌握救援器材的使用方法及其用途，同时，班长要注重对救援器材的检查与维护，防止使用时失效。

（5）应急处置结束后的注意事项。

①对事故现场所遗留的痕迹，进行分析取证，便于分析事故发生的原因。

②对现场应急处置的过程进行总结。

③对现场应急处置的过程进行记录，上交相关安全部门。

经典案例:班长应懂得急救知识,把损失降到最低

钟师傅在机电班长的岗位上已经干了十几年。在这十几年里,从来没有发生过安全生产方面的事故。

机电班的日常工作比较繁重,即使如此,钟师傅仍然没有忘记抓紧安全管理。我们知道,抓安全管理工作,仅有责任心是不够的,还要学习安全知识,掌握先进的现代化技术装备。于是,他经常利用班前会的学习时间,组织班组员工认真学习小绞车的基本原理和性能,遇到疑难问题,虚心向懂行的人请教。同时,查找专业知识读本、查找科技知识书库。在他的影响下,班组员工的学习积极性也高涨起来,大家的技术水平和安全知识也很快得到提高。

有一次,钟师傅带领两名机电工铺设新的电缆线。在作业过程中,一名机电工去做电缆线捆扎整理工作,在作业前,这名工人未对作业现场进行检查,不知道该起重机在运行时,底部机架会产生漏电。当他准备把捆扎整理好的电缆线,用铁丝吊在起重机底部机架上时,当即碰触出电火花,落在旁边的汽油盆里,引燃了大火。

此时,这名工人马上被一团火包住了,在附近作业的钟师傅立即跑过来关掉电闸,同时,又将窗帘扯下,把这名工人从头到脚包住,灭掉了他身上的火。然后,又将他的衣裳脱掉,对他进行了按压胸脯、人工呼吸等急救,这位休克过去的工人,终于有了呼吸,情况开始转好。

几分钟后,"120"救护车赶来,把这名工人急送医院,经过医生的全力抢救,他终于从死神的魔掌中逃脱出来,重新获得了生命。

这名工人之所以得以死里逃生,与钟师傅熟练掌握现场急救知识和方法,是分不开的。从此,班组员工更加自觉地学习安全知识,尤其是现场防护和急救的各种方法。

在设备维护中,钟师傅发现一名工人严重违章操作,便对其进行批评教育,并责令其停止作业,使其深刻认识到违章操作的危害性。同时,为了教育其他人,钟师傅按照班组制定的安全奖惩规定,给予这名工人相应的处罚。事后,又在安全教育会上,对班组员工进行案例教育,让大家引以为戒,不犯相同错误。

在每天的班前会上,钟师傅都要反复重申:必须严格执行"三明确"制度,即明确安全要点、明确工作环节、明确工作中应注意的事项。组织大家认真学习安全知识,安全法规、增强安全防范意识。

在安全管理上,钟师傅坚持开展以"一通三防"为重点的反"三违"、反事故专项治理活动,开展了专项治理工作和事故隐患排查,加大了反"三违"的力度,建立班组安全防范的领导和组织机构,使青监岗员、群监岗员能够认真抓好班组的安全隐患排查工作,实现班班安全"零"违章、"零"隐患。

在钟师傅的带领下,全班员工共同努力,使班组安全管理始终走在兄弟班组的前面,在班组的考核中屡屡争先,连续获得公司"优秀班组"的光荣称号,他本人也被评为公司安全明星班组长。

管理经验:班组现场应急管理中的"四个一"

班组长和班组员工在现场事故应急中应该掌握"四个一",即"一图一点一号一法"。

一、"一图"——逃生路线图

在作业现场发生突发事故时,除了抢救身边的伤者,最重要的任务并不是救灾抢险,而是逃生,这是现代应急管理的基本原则,是以人为本的安全管理理念的具体体现。既然是逃生,那就要事先熟悉作业现场的逃生路线,争取在最短时间脱离危险,班组应急演习中,熟悉这条逃生路线是重要内容,否则急来抱佛脚,乱了方向,像无头苍蝇般,就极有可能陷入危险。

二、"一点"——紧急集合地点

紧急集合地点是逃生路线的终点。它的重要作用体现在:紧急疏散后,集中到此点,便于应急指挥部门点名,核实员工人数,如有缺员,可以立即展开寻救。

三、"一号"——报警电话号码

报警电话有不同的类别和层次,像火警 119、急救 120 是众所周知的,但是作为班组人员,仅仅知道这两个号是远远不够的。这里所说的"一号",首先是指所在单位的应急指挥中心的电话号码以及直属上级领导的电话。

四、"一法"——常用的急救方法

突发事故发生后,如何在第一时间内对伤者采取急救措施,争取挽救伤者的机会,对于减少人员伤亡起着重要的作用,也是必须要掌握的内容。

第 七 章

安全生产工作以人为本——安全作业条件改善与职业卫生

高温低温作业场所的安全防护措施

① 高温作业场所的防范措施

- 改进工艺
- 合理布置，疏散热源
- 隔热降温
- 自然通风
- 穿合适的工作服及防护用品
- 准备防暑降温饮料
- 调整作业时间

② 低温作业场所的防护措施

- 作业人员穿戴防寒服等个人防护用品
- 在封闭场设置通信、报警装置
- 在作业场所附近设置休息室采暖操作室和待工室
- 定期为作业人员做健康检查
- 控制好作业人员低温作业的时间
- 调节作业场所的气温

第一节 作业现场"5S"管理

"5S"管理的含义

"5S 管理"起源于日本,是日本企业创造出的一种独特的管理办法。它是指企业在生产现场中,对材料、人员、机器、方法等生产要素进行有效的管理,包括整理、整顿、清扫、清洁、素养 5 个方面。由于这 5 个词的英文字母第一个字母都是 S,这种管理方法便被称为"5S 管理法"。

"5S 管理"反映出现代企业的精细化管理法则。可以说,它为企业现代管理提供了一套全面、系统的环境管理规范,使企业的工作环境焕然一新、井然有序,而且还提高了员工的工作质量和作业效率。企业实施"5S管理"以后,员工的精神面貌也得到了很大改观,保持了积极的心态,增强了自律精神,从而提升了企业形象及竞争力。此外,给员工提供了安全、健康的工作环境。

林先生是国内一家大型企业的高管,最近,企业组织一部分管理者去日本等国家的企业、工厂参观取经,林先生也是参观团的成员之一。

参观团到达日本后,便马不停蹄地到一家企业去参观,这家企业实行了 5S 管理。参观时,天空正下着小雨,但工厂的厂区大道上,却有一位清洁工在向路面上洒水,看样子是准备扫地。林先生见了,感到迷惑不解,就上前去问那位清洁工道:"下雨还洒水干吗?"

那位清洁工回答说:"公司作业指导书上,写明清洁工在扫地前一定要洒水,避免地面上扬起灰尘。其实我也知道下雨洒水是一件傻事,因此,我已经以合理化建议的形式将我的意见反映给上级了。现在,这方面的作业标准还正在修改中,在标准修改好公布之前,我必须按照之前没有修改的标准进行作业。"

林先生听后,不由得向那位清洁工竖起了大拇指。心里想道:难怪这家工厂的产品做得好,原来员工的工作态度是如此严谨呀!

在上述案例中,清洁工严格执行公司制订的作业指导书上的规定:"在扫地前一定要洒水。"即使在下雨天,也不会使这个规定打折扣。这种举动,在一部分人看来有点傻,但正因为这股"傻"劲,才使得产品做得比别人好。

在企业实施5S管理的过程中,需要这种较真和执着的"傻"劲,班组长要在员工中宣传和鼓励这种"傻"劲,并带头去做。企业实施5S管理,最终落实在班组,不仅仅使班组的外部环境得到改观,最重要的是培养班组员工养成良好的习惯,在习惯中提高执行力,从而提升班组整体的素质和竞争力。下面就是5S管理的具体内容。

1. 整理

区分要与不要的物品,不要的物品须及时清离现场,只保留要用的物品。

(1)机器设备是否摆放整齐。

(2)自己使用操作的机器设备,是否每日及时保养。

(3)机器设备是否摆放整齐。

(4)流水线是否有零乱堆积物料。

(5)生产物料是否及时清理。

(6)消火栓处是否堆放了物料,消防通道是否畅通。

(7)物料架的物品是否摆放整齐。

(8)作业场所每日是否及时整理和清理。

(9)生产成品的摆放位置、数量是否统一。

2. 整顿

每日把要用的物品放在指定位置上,须摆放整齐,并做好识别管理。

(1)物料架是否标示明确、保持清洁、摆放整齐。

(2)物料、半成品、成品是否有明确标示。

(3)未使用的叉车、小推车是否放置指定位置。

(4)维修品是否标示明确,并有否放在维修区修理。

(5)物品堆置的高度是否超出指定范围。

(6)生产区是否放置不用物品,如果有不用物品,应清理出去。

(7)化学物品是否存放指定区域,是否加以明确标示。

(8)不良品是否放置指定区域,并有明确标示。

(9)生产区电源,是否标示明确。

3. 清扫

保持现场中设备、环境等清洁、干净,清除油污部位。

(1)未使用的工具是否已及时返回工具室。

(2)待修物品放置的时间,不能超过 24 小时。

(3)生产区是否有零落的机器零件、材料、包装材料等,如果有应清除干净。

(4)生产区附近的渠道是否有铁屑、水渍、水屑等杂物。

(5)设备是否有灰尘,并定期做检查、保养,填写保养卡。

(6)员工在操作时,是否保持地面和台面的清洁。

(7)洗手间的卫生,是否按时清扫。

(8)生产区是否零乱,并及时清扫干净。

(9)下班前是否清扫工作区。

(10)每日垃圾是否及时清除。

4. 清洁

保持生产区整齐、整洁、清扫后的区域整齐。

(1)生产区各区域卫生,是否清洁。

(2)作业区地面是否清扫。

(3)作业区地面是否有油渍、水渍。

(4)下班时台面是否整齐、干净。

(5)下班前作业区电源是否随手关闭。

(6)机器设备是否定期检查和保养。

(7)物料部、库房是否零乱、堆积灰尘。

5. 素养

遵守公司的规章制度,养成良好的工作习惯。

(1)生产日报表是否填写完整、准确。

(2)作业人员是否了解所做产品及物料名称。

(3)作业时是否有员工到处走动、闲聊或静坐。

(4)员工是否穿拖鞋上班。

(5)工作进度是否达标。

(6)上班是否穿戴工作衣帽,出车间是否排队。

(7)是否有员工未经允许而损坏物料及浪费物料现象。

(8)生产发生异常是否及时向上级反映。

现场开展"5S"管理的注意要点

企业实施 5S 管理的关键是企业的各级管理者与员工能够共同参与,同时,还要掌握相应的工作方法、技巧等,建立配套的奖罚措施。5S 管理在企业的成功推行,首先要使企业的各级管理者和员工正确和全面地理解 5S 的基本概念,这是企业能否顺利推行 5S 活动的基础。此外,在具体实施的过程中,要处理好整理、整顿、清扫、清洁、素养等 5 个过程,掌握各个步骤的实施要点。

这些工作,最后都落实在班组,所以,班组长应该全力支持 5S 管理,身体力行。

老张是一家国企的老总,今年开始在企业中推行 5S 管理,目的想要改变各车间脏、乱、差的形象。厂部向各车间发了通知,要求各车间、班组按照 5S 管理的要求,做好整理、整顿、清扫、清洁工作。

因为在这之前没有做宣传动员的工作,员工们对这项活动不理解,不仅如此,大部分车间、班组也不支持,认为工人就是搞生产的,现在却去搞卫生,不是在瞎折腾吗? 在这些车间主任、班组长看来,5S 管理就是搞卫生。这样第一次的 5S 管理活动还没有开展,就流产了。

张总认真总结了教训,决定先在全厂开展动员活动。把全厂两千多名员工分批分期进行培训,先后讲课达三个星期,每天都要讲 2 堂以上的课,使每一个在岗的员工都受到培训,也使每一位员工明白 5S 管理,对自己和工作有好处,也会给车间、班组带来好处。当然,企业也会从中受益。此外,让每一位员工明确自己的责任和任务。

为了让每个班组知道 5S 管理导入的步骤、方法,张总先以环境最差的一个班组和一个杂乱的仓库做示范,让 5S 管理的成果引导大家。这次活动取得了圆满成功,员工高兴地说:"5S 管理让我不仅每天的收入增加了,而且工作更轻松、更愉快了。"

在上述案例中,这家企业在推行 5S 管理过程中,把管理带来的好处展示给班组管理者和员工,使大家由困惑变为主动,从而使 5S 管理在全厂深入开展起来,获得了很好的效应。

企业管理的任何变革最终都要落实到班组,被员工所接受和认可,反之,即使这种方法再好,推行起来都会困难重重。因此,班组长要站在企业的角度,为企业着想,积极落实上级布置的 5S 管理,并不折不扣地带领员工去完成。班组在开展 5S 管理过程中,应注意以下几点。

1. 做好宣传工作

(1)在班组推动 5S 管理法,要让班组成员都认同,不要加班加点去做。

(2)充分地发挥口号、标语、班组内宣传栏的宣传效应,让每个员工都能明白 5S 推动是提高产品的品质、班组形象、节约成本的一项最好的活动。

2. 定期检查

(1)每星期每天都要定期检查。在检查过程中,要指出哪里做得好,哪里做得还不够。

(2)检查完毕后,要召开现场会议,指出问题,帮助员工研究改进方法,并指定专人及时地跟进解决。

(3)确认问题的改进进度,并向车间领导汇报。

3. 全员参与

(1)班长、组长、卫生检查员、安全员、全体员工要做到密切地配合。

（2）明确责任和规范，实行奖惩制度。

4.以 5S 作为产品质量改进的桥梁。班组通过推行 5S 管理，来达到降低生产成本、提升产品质量的目的。

第二节 高温作业条件改善

高温作业类型

在工业企业中，一些工作地点有比较大的热源，使得工作环境温度较高，被称之为高温作业场所。通常来说，高温作业场所分为以下几种类型。

1.高温强辐射作业场所

这类生产场所和岗位都是气温高、热辐射强度大、相对湿度较低，属于干热环境。如以下几类生产场所。

（1）炼焦。

（2）炼铁。

（3）轧钢。

（4）铸造。

（5）锻造。

（6）热处理。

（7）陶瓷炉窑。

（8）玻璃炉窑。

（9）搪瓷炉窑。

（10）砖瓦炉窑。

（11）锅炉。

2.高温高湿作业场所

当某作业区有液体被加热，作业区相对湿度达 90% 以上，气温达

35 ℃以上时,这样的场所即属于高温高湿作业场所,如以下作业场所。

(1)印染。

(2)螺丝。

(3)造纸。

此外,潮湿的深矿井内气温可达 30 ℃以上,相对湿度达 95％以上。如果通风不良,就会形成高温高湿环境。

3.夏季露天作业场所,如以下作业场所。

(1)建筑。

(2)起重。

(3)搬运。

(4)筑路。

在炎热的夏季,上述这些行业、岗位,都是在露天作业,除受太阳的辐射作用外,还受被加热的地面上的物体放出的热辐射作用,属于高温、热辐射环境。

高温环境不仅对作业人员的生产操作产生一定的负面影响,而且还对设备材料、物质的使用和储存等方面产生不良影响。另外,还可能诱发火灾、爆炸事故的发生等。更重要的是,对作业人员的身体健康产生严重影响。

有一家铸造工厂,采用电炉熔炼,造型、浇铸工作,员工们每天打交道的是炽热的铁水。在夏季高温季节时,班组采取每两班轮流制作业的方式,进行铸造生产。

但近期由于产品的市场销路不好,经济效益下降,裁减了一些员工,班里便将造型组和浇铸组合并,造型人员即要造型又要浇铸。这天,气温在37 ℃左右,铸造班所在的车间里热浪翻腾,在浇铸完毕后,就有数名造型工人出现头昏、心慌、恶心等中暑前征兆,紧急送医院医治后,才恢复正常。

在上述案例中,铸造工人在高温的环境里工作,由于过度疲劳,加上高温,终于发生头晕、心慌、恶心等中暑的症状,幸亏抢救及时,才没有因此出现生命危险。所以,在高温环境里作业,一定要注意休息,不能过度疲劳。此外,还要注意通风,做好防护。

而作为班组长,也要注意防止班组员工中暑,从各个方面进行防护。

1.流程的改进

合理设计本班组的生产工艺流程,改进产生高温热源的生产设备,以及不当操作方法。比如目前一些企业实行的轧钢、铸造等生产自动化,就可使当班工人远离热源。

2.隔热

如果条件允许,可以将产生热源的物体进行隔离。

3.通风降温

在作业时,采取自然通风和机械通风两种形式,改善高温环境。

4.保健措施

在平时,要注意让员工多喝水、合理饮食等。

5.个体防护

如使用耐热工作服等。

6.合理的作业组织方式

如采取轮班作业、避高温作业等方式。

高温作业对健康的危害

作业环境劳动强度大、热强度高,并对人体造成一定危害的作业,被称之为高温作业。按照我国劳动安全卫生法规所规定,工业企业和服务行业的工作地点具有生产性热源,而且工作地点气温比室外气温高出20 ℃以上,在这样的环境中作业,即是高温作业。

高温环境对人的生理、心理都会产生严重的影响,在高温环境下作业,除了会影响工作效率外,更会引发各种身体伤害,如中暑晕倒或受伤,甚至致死。

陆某在一家私营机械厂做压模工,每天都要在热压模机边工作。热压膜机启动时,会散发出很高的热量,车间里虽然开着排气扇和电风扇,但温度仍然很高,像火焰山一样。据监测,在靠近机器旁边的温度会达到

50 ℃左右。

这天中午时分,陆某在喷射着热浪的机器边,工作了四五个钟头,终于被高温所击倒,昏倒在工作台上。被同事发现后,紧急送到医院急救,经医生诊断,陆某因中暑而导致脑水肿、肝功能衰竭等症状。在医院昏迷了10几个小时后,才苏醒过来。虽然神智已经清醒,但身体还相当虚弱。

在上述案例中,陆某因为长时间在高温的环境中工作,导致中暑,虽然经过医生的全力抢救,挽回了生命,但仍患上脑水肿、肝功能衰竭等病症,给陆某带来了健康隐患。因此,在高温下作业的班组,作为班长,要妥善安排班组员工的高温作息时间,加强员工的自我保护意识,分散劳动强度;同时,还要注意保持充足睡眠和充分饮水。

高温环境对作业者的危害如下。

1.体温升高

在高温下作业,可导致人的体温调节障碍,因体内蓄热,体温升高。

2.代谢平衡紊乱

由于在高温环境里,体内丧失了大量水盐,会引起水盐代谢平衡紊乱,导致体内酸碱平衡和渗透压失调。

3.血压升高

由于高温的影响,造成心律脉搏加快、皮肤血管扩张、血管紧张度增加等,使心脏负担加重,血压下降。

4.消化不良

在高温环境里,人的消化道贫血,唾液和胃液的分泌减少,胃液酸度也随之减低,淀粉的活性下降,胃肠蠕动随之减慢,引起消化不良和其他胃肠道疾病。

5.肾功能不全

在高温环境里作业,如果体内水盐供应不足,会使尿浓缩,从而增加肾脏的负担,有时会出现肾功能不全、尿中出现蛋白、红细胞等。

6.神经系统受损

神经系统也会出现中枢神经系统抑制,注意力和肌肉的工作能力降低。此外,动作的准确性和协调性、反应速度等,都会下降,易发生工伤事故。

防暑降温措施

在工业生产中,有些岗位需要保持较高的温度和湿度,在这种环境中作业,必须采取防暑降温措施,否则,就会导致中暑等病症的发生。只有采取必要的防暑降温措施,才能在高温环境中坚持正常的作业,并能保持良好的生理和心理状态。

有些班组长片面地认为,防暑降温的措施只是针对那些身体虚弱的人或是娇惯的人,往往自恃身体强壮,不肯采取措施进行防暑降温,或者为了赶进度,经常加班,身体过度疲劳,这样就很容易引起中暑。

2011 年 7 月的某日,一家油漆厂因一只大容罐中的搅拌桨有些松动,4 名工人便下到罐里进行维修,他们在下罐作业时,都戴了防毒面罩;罐内只有一个不太大的出气孔,加上夏天高温,罐内十分闷热。

不一会儿,4 名工人便先后出现不同程度的昏厥,多亏罐子外面站着几个监护人。当发现罐内的人发出不安全的警示信号后,立即帮他们全都离开罐子。这时,厂长也接到了报警信息,急忙带人赶往现场救援;4 人很快被送往医院急救,由于抢救及时,他们都先后平安脱险。

事后经过调查,发现当时罐内没有残留的有毒有害气体。所以,4 人不会有毒气中毒的可能,导致昏厥的原因,是由于天气闷热,又是在罐内 40 ℃的高温环境里作业,因此都发生了中暑。

在上述案例中,4 名员工下到罐里作业,只是对可能残留的毒气做了预防,而没有对可能会中暑产生警惕,因而既没有在出气孔处做通风降温的措施,也没有携带、使用防暑降温用品,结果 4 人都中暑昏厥。

在高温岗位上,班组长应具有对可能中暑的防范意识,及早在员工中间和作业现场采取降温措施,防止员工中暑现象发生。

1.改进工艺

班组长可以发动班组内的能人,对本班组的生产流程和生产设备进行改造，或在车间、厂部技术部门的支持下，对热辐射较大的生产设备进行合理的改造，以达到既能消除高温、热辐射的产生和影响，又能减轻本班组员工的劳动强度。如将热加工工艺改为冷加工工艺，或提高生产过程的机械化、自动化程度等，避开与热量大的机器近距离接触。

2. 合理布置和疏散热源

应尽可能将各种热源布置在作业处排气天窗下面，使这些热源散发出的热量，被吹到墙外；对不需要经常操纵或观察的散热设备，也应疏散到车间外面，以降低室内的温度。

3. 隔热降温

利用导热性差的材料或空气层，遮盖住热源，使操作工人与各种热源的散热表面隔离，以此降低高温对操作人员的侵害，如采用石棉、矿渣棉、玻璃棉、硅藻土等导热性差的材料，包敷发热体，可以减少热量向周围散发。

有时候，还可以采取办法减少太阳的辐射，如屋顶通风、屋顶喷淋水、屋顶隔热、窗户遮阳等措施，来降低作业场所的温度。

另外，还可以用流动水幕、遮热板、热屏障等，设置在发热体与操作工人之间。

4. 自然通风

在一些对温度、湿度、风速等方面均无严格要求的作业班组，可采用自然通风的办法，进行降温。风扇、喷雾风扇、冷却送风系统、空调机等设备可以采用自然通风，使室内外空气进行大量交换，适合很多作业场所。

5. 采用适合的工作服、防护用品

在高温场所作业的工人，应采用质地结实、耐热、透气性能良好的工作服。当然，这种工作服要宽大、轻便，同时，又不妨碍操作。此外，应按不同作业岗位的需要，发放工作帽、防护眼镜、手套、鞋盖、护腿等个人防护用品。

对于特殊的高温作业岗位，如清理钢水包、热修炉衬等，还要佩戴隔热面罩、镀铝隔热冷风衣等特殊隔热服装。此外，还有如冷却衣、反射衣、通风服、水冷服、防晒、防热用品等,夏季在露天作业的人员要配备宽边草帽、遮阳隔热帽、通风冷却帽等,以防太阳直晒。

6. 防暑降温饮料

在高温环境作业的工人,要及时补充体内的水分和盐分。一般每人每天供水 3 升~5 升,盐 20 克左右即可,可多喝一些富含矿物质、维生素、盐、氨基酸的保健饮料,或饮用盐开水、茶或其他清凉饮料。

此外,也可以向员工提供绿豆汤、酸梅汤、番茄汤、豆浆等饮料。

7. 调整作业时间

在炎热的夏季,可根据岗位实际情况,适当调整员工的作业、休息时间,尽可能缩短员工的作业持续时间,增加工间休息次数,延长午休时间,避开中午的高温时间等。此外,不要在炎热的夏季,安排员工频繁加班,要保证高温作业工人在夏季有充足的睡眠和休息时间,这对预防中暑具有重要意义。

防暑降温保健措施

在热浪滚滚的苦夏,我国大部分地区气温都很高,每天的天气几乎都是晴朗酷热,太阳辐射和紫外线强度均达到最高等级。这对于一些在露天作业、高温环境下作业的工人来说,无疑是"火上添油"。但是,即使是持续不断的高温天气,工人们仍旧要坚持在岗位上,孜孜不倦地工作着。在这种时候,防止员工在作业时中暑,防止因高温而引起员工身体不适,是班组长一件不可忽视的事情。

成某是某市公路段的一名养路工。2008 年 7 月的一天,他像往常一样在路面上施工。当时的气温达 36 ℃,而太阳直射的路面温度至少在 40 ℃以上;成某干了几小时后,突然倒在地上,口吐白沫,不省人事。

在旁边干活的工友们发现后,赶紧跑过来,把他抬到树荫下,解开他身上的衣扣,并用凉手巾敷在他的头上。然后,紧急联系"120"救护车,把他送到医院急救。医生检查发现他神志不清,诊断为中暑,立即组织抢救。经几天抢救后,成某的病情才有所好转。

成某的工友们说,今年的夏天特别热,持续高温天气,让他们作为露天作业的人也感觉到头晕、呕吐等不适。尽管有这些不适的感觉，但并没有引起重视，有时只吃几粒人丹或是用风油精等简单药品在头上涂抹一下。

在上述案例中，养路工成某由于不重视防暑降温，对持续高温的天气放松了警惕，在作业时中暑晕倒。这对于很多在高温岗位上作业的班组来说，无疑是敲响一个警钟。在炎热的天气里，必须采取防暑降温的措施，以及个人的保健措施，否则，中暑后就迟了。班组长也应该告诫员工不可忽视高温对个人身体的伤害，并主动督促员工做好防暑降温的保健，使员工们平平安安地度过炎热的夏天。

下面的一些保健饮食，既可以帮助员工摄取营养，又能起到防暑降温的保健作用。

1. 保健饮料

（1）盐开水。把白开水加热至沸腾时的温度，然后自然冷却到20 ℃～25 ℃；因为这种白开水具有特殊的生物活性，饮用后能很快被吸收利用。夏季高温季节，由于出汗过多，体内盐分减少，在白开水中加一点盐，可以补充因出汗而失掉的盐分，可以达到防暑的功效。

（2）茶水。茶叶中含钾较多，而钾是人体内重要的微量元素，能维持心肌的正常运动。但在夏季，钾会随着汗水排出体外。因此，应多喝茶水，补充流失的钾。

（3）绿豆汤。绿豆具有清热解毒、消暑益气、润喉止渴的功效。用绿豆熬出的汤有很好的消暑清热功效，能预防中暑。此外，绿豆对减少血液中的胆固醇及保肝等均有明显作用。

（4）莲子绿豆饮。莲子绿豆饮是将莲子与绿豆洗净后加水，浸泡30分钟，再以文火煮制而成的，具有清热解毒、安神健脾的功效。

（5）莲子薄荷汤。莲子薄荷汤先用薄荷煮水，再将莲子加入煮熟，加入薄荷水，兑匀，加调味料制成，有清热、安神的功效。

2. 保健食品

（1）蜂蜜。蜜蜂采集植物蜜腺所分泌的汁液，酿成蜂蜜，具有清热解毒的功效。

(2)苦瓜。苦瓜味苦,但能清热泻火。由于苦瓜的滋味微苦,吃后能刺激人的胃液分泌,使食欲大增,清热防暑。

(3)苦瓜粥。以苦瓜 100 g 洗净,去瓤后,切成小块,将大米 100 g 淘净加水,煮沸后,再放入苦瓜及冰糖、精盐适量,再熬成粥,有消暑降热、解毒的功效。

(4)荷叶粥。采一张新鲜荷叶,洗净后煎汤取汁,加入粳米 100 g,煮成粥,加上白糖调匀食用,能防暑、利尿、降压。

(5)麦冬粥。麦冬 30 g,煎汤取汁,加入粳米 100 g 煮粥,能防暑降温。

(6)冬瓜赤豆粥。冬瓜 500 g,去皮切丁,赤小豆 30 g。将赤小豆加水煮,煮沸后,加入冬瓜和冰糖同煮成粥,有解热毒、止渴的功效。

(7)红枣绿豆粥。红枣 100 g,绿豆 300 g,大米 50 g,加水 1.5 L,旺火煮沸后,改文火炖熬,至绿豆酥烂为止;再加上白糖 100 g,调匀晾凉后食用,有清热解毒、祛暑止渴的功效。

(8)百合银花粥。将 50 g 百合洗净,再将银花 8 g 焙干研成细末。将粳米 100 g 煮沸后,放入百合熬成粥。然后,放入银花及适量白糖,调匀后食用,有清热消炎、生津止渴的功效。

(9)菊花粥。黄菊花 20 g,大米 150 g。将菊花煎水去渣后,与大米同煮成粥,有防暑的功效。

(10)麦仁大米粥。取大麦仁、大米各 150 g 淘净;然后煮成粥,有消暑降温、止渴生津的功效。

(11)莲子粥。以莲子 20 g 温水浸泡,去皮,去芯,然后磨成粉状,与淘净的粳米 100 g 同煮成粥,有祛热益肾的功效。

低温作业的危害

有不少工厂企业中,都有低温岗位,如冷库、地窖等,有些行业需要常年从事露天或野外的作业,如地质勘探、电力输变电线路施工与维护、建筑施工、装卸行业、野外考察等。当寒冷的冬季到来时,这些岗位或行业的员工,就必须与低温对抗。在平均气温等于或低于 5 ℃的低温环境下,作业人员如果工作的时间过长，就会超过人体的适应能力，由此而导致一系列的职业健康问题。

因此，长期在低温环境作业的人员，必须对自己的健康引起足够的重视，采取相应的劳动保护措施。

小霍刚参加工作时，就在一家食品企业的冷冻库当工人，冷冻库里以前有不少年轻人，但都干不长，有的只待了几天，连工资也不要，就不辞而别了。究其原因，有的嫌冷库的环境不好，有的嫌冷库的工作太累，总之，嫌弃的理由很多。但小霍却喜欢冷库的工作，觉得在哪儿工作都一样，只要沉下心，就会爱上这份工作的。

由于小霍工作积极，待人又很诚恳，领导和同事们对他的印象很好，一年后就被提拔为冷库主任。走上领带岗位后，小霍更加积极地工作。然而不久，小霍的身体出毛病，因为经常感觉肌肉疼痛、腰痛，不得不去医院进行一番全面体检。检查结果表明，小霍由于经常长时间坚持在冷冻库内工作，患上了职业病。

领导得知小霍得了职业病后，一般督促他积极治疗，一边将他调换了工作岗位。虽然小霍百般不情愿，但无奈自己已经患病，的确不能再适合待在冷库工作了，只好服从了上级领导的安排。

在上述案例中，小霍热爱冷库的工作，当别人一茬又一茬地调离冷库，而他却不动心，仍坚持在冷库工作，得到了领导的赏识，被提拔为冷库主任。正当意欲一展宏图时，却被职业病终止了，这是很遗憾的事情。如果小霍在平时就注意防护，不会患上职业病。长期在低温环境下作业，却不重视自我防护，会给自己带来以下危害。

1. 冻痛、冻伤、冻僵

作业人在很冷的低温下工作，在短时间内，会引起局部冻伤，身体组织产生冻痛、冻伤和冻僵的症状。

2. 粘皮伤害

作业人如果在零下 10 ℃以下的低温环境中工作，当皮肤与冷金属接触时，便会所产生粘皮伤害。

3.身心不适感

作业人如果长时间地在低温环境中工作,就会使人体的热量损失过多,深部体温会下降到生理可耐限度以下。这时会产生身体不舒适的症状,如心率加快、身体麻木、头痛,甚至呼吸急促等不良的生理反应,还会出现感觉迟钝、动作反应不灵活、注意力不集中、不稳定或否定的情绪体验等心理反应。

4.产生全身性影响

作业人员在低温环境工作的时间较长时,中心体温会逐渐降低,就会出现一系列的低温症状,如呼吸和心率加快、颤抖、头痛等不适反应。当中心体温降到 30 ℃~33 ℃时,作业人的肌肉就会由颤抖变为僵直,从而失去产热的作用,直至死亡。

5.低温高湿条件下长期作业所患的职业病

如果在低温高湿条件下长期工作,而在平时又不注意防范,就容易引起腰痛、风湿性疾患、肌痛、肌炎、神经炎、神经痛等病症。

低温和冷水作业的防护措施

低温作业主要指冷库作业。冷水作业则主要指常年在冷水里作业,如洗瓶工、洗肠工等。

当季节已进入寒冷的冬天时,全国大部分地方处于低温环境。对于那些在室外作业,无取暖设施的作业人员来讲,在寒冷的冬天里,要防职业危害,也要注意低温作业的职业健康与劳动防护。在我国一些寒冷地区从事露天作业的人员,当这些地区遇到严寒强风潮湿气象条件时,很容易发生冻伤。此外,一些在低温环境作业的人员,当作业人员的衣服潮湿时,也很容易发生冻伤。

经过朋友介绍,刘女士在当地一家冷藏厂的冷冻车间找了一份工作。经过一个月的试用期,刘女士与厂方签订了为期两年的劳动合同。

不料,3 个月后的一天,刘女士突然感到身体不适,晕倒在车间。工友紧急把她送到医院检查治疗。经医生诊断后,原来,正处于经期的刘某,由于身体机能下降,无法适应冷冻车间的低温环境作业。医生认为刘女士的身体状况,不适合在低温的冷冻车间长期工作,至少在经期内,不要从事低温工作,建议其调岗位。康复健康后,刘女士向领导说明了情况,领导及时调整了她的工作岗位。

由于生理机能的差异,女性员工不适合在低温、冷水岗位上长期工作。对此,企业需要格外注意对女工的保护,班组长也应当在这方面督促有关方面,积极落实劳动安全法。

在低温、冷水岗位上作业的班组,对员工应做好防护措施。

(1)穿戴手套、鞋、防寒服等个人防护用品。

(2)有条件的话,在班组设置休息室、采暖操作室、待工室等。

(3)冷库等低温封闭场所,应设置通信、报警装置,防止误将人员关锁。

(4)实现自动化、机械化作业,避免或减少低温作业和冷水作业,控制低温作业、冷水作业时间。

(5)要定期对作业工人进行身体检查,做好健康监护工作。凡是年龄在50岁以上,且患有高血压、心脏病、胃肠功能障碍等疾病的职业禁忌人员,应及时调离低温、冷藏作业岗位。

(6)在室内低温作业时,班组应采取防护措施,如通过人工调节的办法,采用暖气、隔冷、燃烧炉火等办法,调节室内气温,使室内气温保持在人体可耐的范围内。

除了对低温环境的人工调节以外,还有对个人的防护。对于室外低温作业的个人防护,通常是让员工穿用比较合适的防寒服装。

由于衣服的防寒效果,不仅受到衣服材料的影响,衣服的厚度和尺寸的大小,也关系到衣服的防寒效果。如果在衣服内通热气的办法,可以大大地提高抗寒能力。如果离开供应暖气的设备距离较远,也可采用电池加热的衣服和手套,既轻便又灵活,一般适用于高空和水下的低温作业。

(7)班组应加强制冷设备的检查检修,严禁设备"跑、冒、滴、漏",如发现氨气泄漏时,应及时对设备进行抢修,防止泄漏现象进一步扩大。要保证制冷车间通风设备的良好,万一氨气大量泄漏时,应能及时将氨气排出屋外,避免人员中毒的事故发生。

在制冷车间内作业,员工必须配备适用的防毒面具或氧气呼吸器。对于使用氟利昂的冷冻机,应配备必要的检测仪器,如卤素灯等,在采用臭氧消毒除臭时,应经常对库内的臭氧浓度进行检测。

(8)班组要根据作业情况,定期对本班组所制订的安全生产、劳动保护规章制度,进行修订。对已经制订的相关的防冻保暖措施,也应定期进行补充和完善,并检查员工的执行情况,做到有章可循。

(9)低温作业、冷水作业的岗位,班组应协助相关部门尽可能实现本岗位的自动化、机械化,避免或减少班组成员在低温作业和冷水环境下作业,要控制和尽量减少低温作业、冷水作业时间。

(10)班组在冬季寒冷作业场所工作时,要有防寒采暖设备,如设置露天作业防风棚、取暖棚等。工作时,作业工人必须穿好防寒服、鞋、帽、手套等保暖用品;穿戴防寒衣物时,要避免衣服潮湿。此外,不能将手脚缚得太紧,以免影响人体的局部血液循环。在冷库附近,要设置更衣室、休息室,保证员工在作业过程中,有足够的休息次数和休息时间。另外,员工在作业后,最好应洗个热水浴。

(11)在低温、冷藏岗位上作业的班组,要提醒员工日常生活中注意增强对寒冷或低温的适应能力,如每天冷水洗脸、洗手、洗足,以此来进行耐寒锻炼等。此外,也可采取冷空气刺激的方法,进行自我锻炼。不过,对于体质弱、年龄偏大的员工,不要强求实行这种耐寒锻炼方式,要因人而异。另外,根据季节、气温的变化,在所采取的方法上,还应注意适当和循序渐进。

(12)在低温、冷水的环境下作业时,由于受到低温环境的影响,员工的机体、营养代谢会发生改变。因此,班组应对员工的日常饮食要特别关注,告诫员工尽量少吃冷食,以免冷食对胃肠道产生不良刺激,影响消化功能。

此外,还应增加员工的体内代谢放热,提醒员工经常食用高热量的食物,以增加身体的耐寒能力。热食品种应以富含蛋白质的食物为主,如蛋类、瘦肉、鱼肉、大豆及豆制品、新鲜蔬菜等。

第三节 职业卫生

职业病的种类

企业班组员工在作业中,因接触放射性物质、粉尘,以及其他有毒、有害物质等因素,而引起疾病,通常被称为职业病。我国把职业病分为10大类115项病种。由于职业病危害因素的种类很多,导致职业病的范围很广。

钟某干了近20年井下矿工,2012年,他被查出患有三级硅肺病,这是一种职业病。由于病情严重,不得不办理了提前退休手续。近几年,他每年都要去医院看病。

由于煤矿的一线采煤、掘进工人,在作业时直接接触粉尘,这是他们中的很多人成为矽肺病人的主要原因。以前,井下粉尘到处飞溅,整个矿井全是雾蒙蒙的,掘进工人每天要在这种环境下工作8小时,而且井下工人都没有防护意识,十有八九的工人都得了硅肺病。

现在,井下作业已改为湿式作业,打风钻要加水打,放炮也是把水袋加进去。在爆破后,会有水幕喷洒粉尘;与以往相比,现在矿工得硅肺病的较少。

但是现在井下防尘做得虽然比较好,而某些员工的防护意识还是不够,如安全部门要求矿工下井必须戴防护口罩,很多矿工却不愿意戴,因为井下空间小,戴口罩感觉很不舒服。

在上述案例中,干了近20年矿工的钟某,得了职业病,不得不提前退休。更麻烦的是,钟某在退休后,不能健康、愉快地度过晚年,而要经常去医院看病,每天都要经受疾病的痛苦。

虽然随着科技的发展,井下作业预防粉尘的条件得到改善,但一些员工仍然缺乏防范意识,最典型的表现之一就是不按照相关规定佩戴口罩。

当这种现象在班组出现时,班组长应进行督促检查,采取一定的措施,使员工提高防范意识。

在督促检查的同时,还要让员工熟知职业危害的知识,如职业危害的种类等。卫生部颁布的《职业病目录》中规定的职业病目录为 10 类115 种。

1. 尘肺

(1)矽肺

(2)煤工尘肺

(3)石墨尘胸

(4)炭黑尘肺

(5)石棉肺

(6)滑石尘肺

(7)水泥尘肺

(8)云母尘肺

(9)陶工尘肺

(10)铝尘肺

(11)电焊工尘肺

(12)铸工尘肺

(13)根据《尘肺病诊断标准》和《尘肺病理诊断标准》可以诊断的其他尘肺

2. 职业性放射性疾病

(1)外照射急性放射病

(2)外照射亚急性放射病

(3)外照射慢性放射病

(4)内照射放射病

(5)放射性皮肤疾病

(6)放射性肿瘤

(7)放射性骨损伤

(8)放射性甲状腺疾病

(9)放射性性腺疾病

(10)放射复合伤

(11)根据《职业性放射性疾病诊断标准(总则)》可以诊断的其他放射性损伤

3.职业中毒

(1)铅及其化合物中毒(不包括四乙基铅)

(2)汞及其化合物中毒

(3)锰及其化合物中毒

(4)镉及其化合物中毒

(5)铍病

(6)铊及其化合物中毒

(7)钡及其化合物中毒

(8)钒及其化合物中毒

(9)磷及其化合物中毒

(10)砷及其化合物中毒

(11)铀中毒

(12)砷化氢中毒

(13)氯气中毒

(14)二氧化硫中毒

(15)光气中毒

(16)氨中毒

(17)偏二甲基肼中毒

(18)氮氧化合物中毒

(19)一氧化碳中毒

(20)二硫化碳中毒

(21)硫化氢中毒

(22)磷化氢、磷化锌、磷化铝中毒

(23)工业性氟病

(24)氰及腈类化合物中毒

(25)四乙基铅中毒

(26)有机锡中毒

(27)羰基镍中毒

(28)苯中毒

(29)甲苯中毒

(30)二甲苯中毒

(31)正己烷中毒

(32)汽油中毒

(33)一甲胺中毒

(34)有机氟聚合物单体及其热裂解物中毒

(35)二氯乙烷中毒

(36)四氯化碳中毒

(37)氯乙烯中毒

(38)三氯乙烯中毒

(39)氯丙烯中毒

(40)氯丁二烯中毒

(41)苯的氨基及硝基化合物(不包括三硝基甲苯)中毒

(42)三硝基甲苯中毒

(43)甲醇中毒

(44)酚中毒

(45)五氯酚(钠)中毒

(46)甲醛中毒

(47)硫酸二甲酯中毒

(48)丙烯酰胺中毒

(49)二甲基甲酰胺中毒

(50)有机磷农药中毒

(51)氨基甲酸酯类农药中毒

(52)杀虫脒中毒

(53)溴甲烷中毒

(54)拟除虫菊酯类农药中毒

(55)根据《职业性中毒性肝病诊断标准》可以诊断的职业性中毒性肝病

(56)根据《职业性急性化学物中毒诊断标准(总则)》可以诊断的其他职业性急性中毒

4.物理因素所致职业病

(1)中暑

(2)减压病

(3)高原病

(4)航空病

(5)手臂振动病

5.生物因素所致职业病

(1)炭疽

(2)森林脑炎

(3)布氏杆菌病

6.职业性皮肤病

(1)接触性皮炎

(2)光敏性皮炎

(3)电光性皮炎

(4)黑变病

(5)痤疮

(6)溃疡

(7)化学性皮肤灼伤

(8)根据《职业性皮肤病诊断标准(总则)》可以诊断的其他职业性皮肤病

7.职业性眼病

(1)化学性眼部灼伤

(2)电光性眼炎

(3)职业性白内障(含放射性白内障、三硝基甲苯白内障)

8.职业性耳鼻喉口腔疾病

(1)噪声聋

(2)铬鼻病

(3)牙酸蚀病

9.职业性肿瘤

(1)石棉所致肺癌、间皮瘤

(2)联苯胺所致膀胱癌

(3)苯所致白血病

(4)氯甲醚所致肺癌

(5)砷所致肺癌、皮肤癌

(6)氯乙烯所致肝血管肉瘤

(7)焦炉工人肺癌

(8)铬酸盐制造业工人肺癌

10.其他职业病

(1)金属烟热

(2)职业性哮喘

(3)职业性变态反应性肺泡炎

(4)棉尘病

(5)煤矿井下工人滑囊炎

职业病的预防管理

为了控制和消除职业病危害,班组应当关注员工的预防职业病的管理工作,保护员工的身体健康及其相关权益,促进企业的经济发展。从事职业危害作业的班组,应首先制订完备的切合实际的职业病防治管理措施。此外,还要重视设置职业病危害防护设施,消除或降低作业场所的职业病危害,筑起职业病危害的"长城"。在作业时,要坚持佩戴职业病防护用品。

按照职业病防治法的规定,每年都要组织和督促员工定期进行身体健康检查,一旦发现患上职业病,就要积极治疗,不可拖延,使小病变成大病,减少职业病危害对员工健康的损害,达到保护员工健康的目的。

　　1995 年,纪某被招工至某港口码头搬运公司,做煤炭装卸工。2000年 10 月,纪某感觉肺部不适,便怀疑自己患有轻微硅肺病。于是,纪某提出让公司为班组的员工进行职业病检查,公司以工作环境已经采取煤尘防治措施为由,不予安排职业病检查。纪某等员工的几次要求都被公司拒绝。后来,在班长的支持下,集体向当地劳动争议仲裁委员会提出申诉,要求公司为职工进行健康检查。仲裁委员会受理此案后,经调查,该公司从未对从事煤炭装卸作业人员进行过职业病体检,裁决自裁决书下达 7 日内,公司对从事煤炭作业的员工进行一次体检。公司接受了仲裁裁决,并如期对员工做了健康检查。

　　在上述案例中,班长全力支持员工纪某的正当要求,并通过劳动仲裁,使企业落实劳动安全卫生法规,为员工进行健康检查。作为从事有职业危害作业的班组负责人,有责任有义务督促有关部门对员工进行职业病防护和健康检查。应及时掌握作业场所职业病危害物的定期检测数据,建立作业场所职业病防护情况档案,对于长期从事有职业病危害作业的员工,应建立职工卫生档案,定期体检,做好职业病的预防管理。

　　1.落实职业病预防的组织制度管理

　　(1)制订班组员工职业病防治计划和实施方案。

　　(2)建立、健全职业卫生管理制度和操作规程。

　　(3)班组应设置或配备兼职的职业卫生专业人员,负责本班组的职业病防治工作。

　　2.对职业病危害设备和因素作警示说明

　　(1)协助相关部门向本班组员工,提供可能产生职业病危害的资料;对于作业场所的职业病危害的设备,要在设备的醒目位置设置警示标识、中文警示说明。同时,要组织员工学习和熟知该设备可能产生的职业病危害、安全操作和维护注意事项、职业病防护,以及应急救治措施等内容。

　　(2)在作业场所可能产生职业病危害的化学品、放射性同位素、含有放射性物质的材料,应当提供中文说明书,并组织员工学习。产品包装应当有醒目的警示标识和中文警示说明。储存这些材料的场所,应当在规定的位置,设置危险物品标识或者放射性警示标识。

(3)在设备及材料放置及使用处,设立警示标识。

3.建立、健全职业卫生档案和员工健康监护档案

对从事接触职业病危害的作业的员工,在上岗前、在岗期间、离岗时,班组应组织他们进行职业健康检查,将检查结果及时、如实告知员工,并协助有关部门落实职业健康检查费用。此外,班组也应建立员工的职业健康监护档案,按规定的期限妥善保存。

4.建立、健全作业场所职业病危害因素监测,及评价制度

班组应当实施由专人负责的职业病危害因素日常监测,并确保监测系统处于正常运行状态;应当按照国务院卫生行政部门的规定,协助相关部门定期对作业场所,进行职业病危害因素检测、评价。此外,检测、评价结果存入员工职业卫生档案,定期向所在地卫生行政部门报告,并向员工公布。

从事使用高毒物品作业的班组,至少应每个月对高毒作业场所,进行一次职业中毒危害因素检测。同时,至少每半年进行一次职业中毒危害控制效果评价,班组有义务将结果告知员工本人。

5.定期进行职业卫生知识培训

班组负责人应当接受职业卫生培训,遵守职业病防治法律、法规,依法组织本班组的职业病防治工作,应当对员工进行上岗前的职业卫生培训和在岗期间的定期职业卫生培训。同时,要普及职业卫生知识,督促员工遵守职业病防治法律、法规、规章和操作规程,指导员工正确使用职业病防护设备和个人使用的职业病防护用品。

6.对未成年工和女工实行特殊保护

班组应抵制有关部门安排未成年工从事接触职业病危害的作业,抵制有关部门安排孕期、哺乳期的女职工从事对本人和胎儿、婴儿有危害的作业。

职业危害因素的主要种类

在生产劳动过程及环境中,所产生的或所存在的,对职业人群的健

康、安全和作业能力,可能造成不良影响的一切要素或条件的,被称之为职业危害。

近年来,随着改革开放的深入,经济快速发展,工厂企业的增多,职业病的危害事故也频繁发生,给社会稳定和经济的健康可持续发展带来了不利影响。职业病损害了人们的健康,夺走了人们的生命;同时,也造成大量财力与物力、资源的损失。

2008 年某日,某地一家化工厂在进行试生产时,一名员工因操作不当,导致有毒有害物质硝基苯泄漏,但他却私自将泄漏的硝基苯扫入下水道,而且没有及时报告。几天后,车间工人大都感到胸闷、心慌,先后去医院就诊。

根据医生诊断,这是一起硝基苯急性中毒事故,其中有 6 人中毒,11 人出现刺激反应。3 人被诊断为"职业性急性硝基苯中度中毒",4 人被诊断为"职业性急性硝基苯轻度中毒",经住院治疗若干天后,这些员工都痊愈出院了。

事后,经调查后发现,车间设备密封较差,通风不良。而员工们都未佩戴防毒面罩,车间也没有职业应急救援措施。在相关的岗位上,没有设置有关职业危害的公告栏,也没有警示标志和警示说明,车间没有将职业危害告知劳动者,未进行职业危害因素监测。

在上述案例中,该厂车间、班组都没有对员工进行职业危害教育,导致员工在硝基苯泄漏后,不向上级报告,私自处理,使得多名员工受到有毒物质硝基苯的严重伤害。现实中,类似本案中的事例可能不少。因此,班组应对员工经常进行职业危害的教育,使员工增强对职业危害的认识,提高对职业危害的防范能力。职业危害的因素如下。

1. 物理性因素

(1)电离辐射。如工业探伤用的 X 射线、放射性同位素仪表、料位计的 Y 射线等。

(2)非电离辐射。如电焊、氩弧焊、高频电磁场、等离子焊时产生的紫外线、加热金属玻璃时产生的红外线等。

（3）异常高温。如低温场所、热油泵房、催化剂生产的焙烧岗位，加氢催化剂反应器内操作，夏天进入油罐车或油槽车内作业等。

（4）低温。如冷库、地窖等。

（5）噪声。如机械力的振动、气体湍流、电动力及磁动力、催化"三机"室、加热炉、高压蒸汽放空、泵、球磨机、粉碎机、机械传送带、电气设备等。

（6）振动。如循环压缩机转动、使用风动工具、锻锤、风锤、电锯、捣固机、研磨作业的砂轮机、铣床、镟床、汽车、摩托车、火车等。

2.化学性因素

（1）生产性毒物。生产性毒物是在生产过程中产生的，它是一种存在于工作环境空气中的化学物质。有的为中间产品，有的为原料，有的为产品。一般常见的生产性毒物有以下几种。

①氯、氨等，刺激性气体。

②一氧化碳、氰化氢等，窒息性气体。

③铅、汞等，金属类毒物。

④苯、二硫化碳。

（2）生产性粉尘。在生产过程中所产生的，同时又在较长时间内悬浮在生产环境空气中的一种固体微粒，被称为"生产性粉尘"。常见的生产性粉尘有矽尘、滑石尘、电焊烟尘、石棉尘、聚氯乙烯粉尘、玻璃纤维尘、腈纶纤维尘。

3.生物性因素

生物性有害因素指细菌、寄生虫或病毒所引起的与职业有关的某些疾病。

（1）炭疽。由炭疽杆菌传播。

（2）森林脑炎。由硬蜱传播的一种传染性疾病。

4.劳动过程中的有害因素

（1）劳动时间过长。通常在检修期间，连续工作时间太长，如果组织不当，则不利于员工的健康。

（2）劳动精神过度紧张。通常发生在新工人或新装置投产试运行中，有时生产周期不规律时，也会使人精神紧张。如在高压、重油加氢、硫化氢浓度大的时候,容易发生燃烧、爆炸、中毒等;新工人感到紧张,老工人在试运行期间,也会感到十分紧张。

(3)劳动强度过大。如超负荷的加班加点,另外检修时的工业探伤工作量也往往过大。

(4)个别器官、系统过度疲劳。如光线不足使视力紧张,长时间处于不良体位或使用不合理的工具设备导致部分疲劳损伤。

5. 卫生条件和技术措施不良的有关因素

(1)生产场所设计不合理。如车间布置不当,有毒与无毒岗位设在同一工作间,厂房通风、换气不畅,照明昏暗等。

(2)防护措施缺乏。

①防护措施不完善或效果不好。如一些包装厂房或操作岗位,往往缺乏防尘、防毒、防噪声等措施,特别是对聚丙烯粉料、硅酸铝催化剂等包装时,车间里粉尘飞扬,极易导致员工患职业病。

②缺乏安全防护设备和必要的个人防护用品。比如铆工与焊工在同一厂房作业,铆工有耳塞防噪声,但焊工却没有;焊工有防紫外线的面罩,保护眼睛,铆工却没有。

6. 自然环境因素

如炎热季节的太阳辐射,长时间头部受照而发生中暑。

7. 环境污染因素

如氯碱厂泄漏氯气,处于下风侧的无毒生产岗位的工人,吸入了氯气;化肥厂的氨气泄漏,可使处于下风侧的其他工种工人受害。

我国是职业病危害国家之一,有很多企业职工面临各种职业病的威胁。随着各项安全制度的不断完善,政府企业正加大对职业病预防和治疗的投入,职业病的危害正在减少,相信不远的将来,一定会有效遏制各类职业病。

职业病危害事故应急救援预案范本

从安全的观点看,职业病危害事故的发生是相对的,危险和事故却是绝对的,而事故又是可以预防的。有时虽然不能杜绝一切事故发生,但要保证应急救援系统的正常运行,就必须事先制定一套事故应急预案,以计划指导应急准备、训练,以及演习。当事故发生时,能够迅速高效地采取应急行动,将事故的危害和损失度降到最低。因此,事故的应急救援预案是必不可少的。以下是职业病危害事故应急救援预案。

1. 基本情况

(1)主要内容。

①单位的经济性质。

②单位的地址。

③从业人数。

④单位隶属关系。

⑤主要产品。

⑥产量。

(2)主要情况。

①重要基础设施情况。

②周边区域的单位情况。

③社区情况。

④道路情况。

⑤危险化学品运输单位运输车辆情况。

⑥运输产品情况。

⑦车辆的运量情况。

⑧车辆的运地情况。

⑨车辆的行车路线情况。

2. 危险目标及其危险特性、对周围的影响

(1)危险目标的确定。可选择对以下材料辨识的事故类别、综合分析的危害程度,确定危险目标。

①重大危险源辨识结果。

②生产、储存、使用危险化学品装置、设施现状的安全评价报告。

③健康、安全、环境管理体系文件。

④职业安全健康管理体系文件。

⑤其他。

（2）根据确定的危险目标，明确其危险特性及对周边的影响。

（3）危险目标周围可利用的设备、器材及其分布，如安全、消防、个体防护等设备、器材及分布情况。

（4）应急救援组织机构、组成人员和职责划分。

①应急救援组织机构设置。依据危险化学品事故危害程度的级别，设置分级应急救援组织机构。

②组成人员。

a. 主要负责人及有关管理人员。

b. 救援实施人员。

c. 现场指挥者。

③主要职责。

a. 组织制订危险化学品事故应急救援预案。

b. 协调事故现场有关工作。

c. 确定现场指挥人员。

d. 负责人员、资源配置、应急队伍的调动。

e. 组织应急预案的演练。

f. 明确事故状态下各级人员的职责。

g. 危险化学品事故信息的上报工作。

h. 负责保护事故现场及相关数据。

i. 批准本预案的启动与终止。

（5）报警、通信等联络方式。

①24 小时有效的内部、外部通信联络手段。

②24 小时有效的报警装置。

③运输危险化学品的驾驶员、押运员报警方法。

（6）事故发生后应采取的处理措施。

①根据工艺规程、操作规程的技术要求，确定采取的紧急处理措施。

②根据安全运输卡提供的应急措施，及与本单位、生产厂家、托运方联系后获得的信息而采取的应急措施。

（7）人员紧急疏散、撤离。

①事故现场对人员的清点、撤离的方式和方法。

②周边区域的单位、社区人员疏散的方式、方法。

③非事故现场人员紧急疏散的方式、方法。

④抢救人员在撤离前、撤离后的报告。

（8）危险区的隔离。

①事故现场隔离方法。

②事故现场隔离区的划定方式、方法。

③危险区的设定。

④事故现场周边区域的道路隔离或交通疏导办法。

（9）检测、抢险、救援及控制措施。

①应急救援队伍的调度。

②抢险、救援方式、方法及人员的防护、监护措施。

③控制事故扩大的措施。

④检测的方式、方法及检测人员防护、监护措施。

⑤现场实时监测及异常情况下，抢险人员的撤离条件、方法。

⑥事故可能扩大后的应急措施。

（10）受伤人员现场救护、救治与医院救治。

①入院前和医院救治机构确定，以及处置方案。

②接触人群检伤分类方案，及执行人员。

③依据检伤结果对患者进行分类现场紧急抢救方案。

④患者治疗方案。

⑤患者转运及转运中的救治方案。

（11）现场保护与现场清洗工作。

①明确事故现场清洗工作的负责人和专业队伍。

②事故现场的保护措施。

（12）应急救援保障。

①内部保障。确定应急队伍。

a.消防。

b. 现场救护。

c. 医疗。

d. 抢修。

e. 治安。

f. 通信。

g. 交通管理。

h. 供应。

i. 运输。

j. 后勤。

②消防设施配置图。

a. 现场平面布置图。

b. 周围地区图。

c. 工艺流程图。

d. 危险化学品安全技术说明书。

e. 气象资料。

f. 互救信息。

(13)应急电源、照明的准备。

(14)应急通信系统的完好。

(15)应急救援装备、物资、药品等的齐备。

3. 危险化学品运输车辆的消防设备、器材、安全及人员防护装备保障管理规范目录具体如下。

(1)值班管理规范。

(2)培训管理规范。

(3)责任制。

(4)危险化学品运输单位检查运输车辆实际运行管理规范。

①行驶时间。

②路线。

③停车地点。

④其他车辆运行管理规范。

(5)检查方面。

①应急救援装备。

②物资。

③药品。

④其他。

(6)维护管理规范方面。

①危险化学品运输车辆的安全。

②消防设备。

③器材。

④人员防护装备检查。

⑤人员防护装备的维护。

(7)安全运输卡管理规范。填写安全运输卡。

①危害性和注意事项。

②运输的危险化学品性质。

③应急措施。

④本单位、生产厂家、托运方应急联系电话。

⑤其他。

一张卡片记载一种危险化学品,在每次运输前,运输单位向驾驶员、押运员告之安全运输卡上的内容,并将安全卡交驾驶员、押运员各一份。

(8)演练管理规范。外部救援规范。

依据对外部应急救援能力的分析结果,确定以下内容。

①请求政府协调应急救援力量。

②单位互助的方式。

③应急救援信息咨询。

4.预案分级响应条件

依据危险化学品事故危害程度级别、类别以及从业人员的评估结果、可能发生的事故现场情况分析结果等,设定预案的启动条件。

5.事故应急救援终止程序

(1)通知本单位相关部门、周边社区及人员事故危险已解除。

(2)确定事故应急救援工作已结束。

6.应急培训计划

(1)员工应急响应的培训。

(2)应急救援人员的培训。

(3)社区或周边人员应急响应知识的宣传。

7.演练计划

(1)演练组织。

(2)演练范围与次数。

(3)准备演练。

8.附件

(1)应急值班联系电话。

(2)组织应急救援有关人员联系电话。

(3)应急组织机构名单。

(4)政府有关部门联系电话。

(5)危险化学品生产单位应急咨询服务电话。

(6)外部救援单位联系电话。

(7)消防设施配置图。

(8)周边区域道路交通示意图和疏散路线。

(9)供水、供电单位的联系方式。

(10)周边区域的单位、社区、重要基础设施分布图。

(11)交通管制示意图。

(12)组织相关人员定期检查应急救援设施,做好检查记录,保证救援设施的正常运行。

(13)定期演练职业病危害事故应急救援预案,并做好演练记录。

9.绩效检查

(1)定期检查职业病危害事故应急救援预案执行情况,查看职业病危害事故应急救援设施运行情况,以及各部门职业病危害事故应急救援设施检查记录,并进行评审。

(2)定期对预案进行审核,如果发现问题,应立即进行整改。

经典案例：关怀在特殊岗位工作的员工

老赵在冷冻班长这个岗位上已经干了5年，一直以高标准严格地要求自己和班组员工。他带领的班组，多年来从未发生过安全生产事故。赵班长常常对班里的员工说，不仅要保证产品的质量，同时也决不允许在安全工作上发生问题。由于赵班长对安全的重视，员工们增强了安全意识，提高了安全生产的自觉性。

冷冻岗位在生产过程中，使用的是液氨，作为一名冷冻班长，老赵把冷冻岗位的安全生产时刻放在十分重要的位置。为了保障生产装置与工作人员的安全，预防和杜绝火灾事故的发生，在车间领导的支持下，老赵经常带领班组员工举行应急消防预案演练。演练的内容包括：员工中毒、液氨泄漏、防燃防爆等。

有一次，老赵带领当班人员在巡检时，忽然发现机房里充满了浓烈的氨味，于是，便立即向车间领导汇报。同时，带领佩戴好正压式空气呼吸器的员工，到现场寻找泄漏源。经过仔细寻找，发现液氨是从自动集油器泄漏出来的，于是马上报了警。

这时，车间领导立即启动事故应急预案，和机电车间员工一起赶往冷冻生产现场，参加应急救援。由于有中毒的员工被困在现场，赵班长便带领冷冻岗位员工，在第一时间进入氨泄漏现场，抢救出被困员工。

公司的消防车和消防队员也很快赶到了现场，对现场进行了稀释，公司机电车间的救援组，也用沙子对现场的残留物进行了处理。由于应急处置及时，不到半个小时，生产现场又恢复了往日的安全。

1. 建立健全班组安全制度

冷冻班的员工常年在低温环境下工作，员工的人身安全、健康是一个十分突出的问题。针对这一特殊情况，作为班长的老赵深知责任重大。他首先发动员工制定各项安全生产管理制度、规定,并制定相应的奖惩条例。

除此之外,班组定期举行一次安全操作规程的学习活动,使班组员工熟练掌握自己的岗位安全操作规程。每次轮班结束后,班组举行一次安全工作点评,班组员工对自己在一周的工作中,贯彻安全操作规程的情况进行反省,并检讨存在的不足,在以后的工作中加以改进。

2.认真贯彻"安全第一,预防为主"的安全方针

作为企业的细胞的班组,安全工作是企业一切工作的落脚点,也是加强企业管理、减少伤亡和各类工伤事故的基础和关键。在平时的工作中,赵班长带领班组员工认真贯彻"安全第一,预防为主"的安全方针,把安全工作落到实处。如每天检查员工是否按照要求穿戴安全防护服,检查员工是否按照安全规定和程序进入现场。

3.把人性化管理引进安全管理工作中

在班组安全管理工作中,赵班长强调人性化管理。由于员工们每天处在有毒有害的工作环境中,因此,除了要求员工在进入现场时,必须按照规定穿戴安全防护服之外,员工身体不适,或有女员工例假,都会给予照顾,安排适宜的工作。这样就使班组安全管理工作由被动变为主动,员工也都积极加入到安全防范工作中来。

赵班长带领的冷冻班,由于安全工作做得好,连年被公司评为"安全文明班",赵班长本人也被评为"安全生产标兵"。

管理经验:有毒作业怎么办? 这些饮食可解毒

有毒作业是指作业场所空气中有毒物质含量超过国家标准中有毒物质的最高容许浓度的作业。在安全管理中,有毒作业仅限于少数行业或者特定情况下,而且,有毒作业在作业条件和职业卫生上都有严格的规定。所以,工作中常接触有毒有害物质的劳动者,只要在作业场所做好各

项防护措施,并科学合理地安排饮食,就能有效地预防、减轻这种危害。

一、接触铅物质人员

对象:冶炼、采铅、搪瓷、油漆等行业的工作人员。

饮食:这类人群每天最好喝上 2～3 杯牛奶,并且尽量多吃一些富含蛋白质的食物,例如鱼类、蛋类、豆类、豆类制品,以及富含维生素的水果、蔬菜。这是因为,牛奶中的蛋白质能够与铅结合形成一种不可溶性的化合物,维生素 C 又可与铅物质结合形成溶解度低的抗坏血酸盐,水果中的果胶物质则可以使肠道中的铅物质沉淀,从而减少机体对铅的吸收。

二、接触苯物质人员

对象:橡胶、染料、油漆、药物、鞋类制造、香料制造等行业的工作人员。

饮食:这类人群应多吃含高蛋白、高糖、低脂肪及富含维生素的食物,如鸡、鱼、乳类、动物肝脏、兔肉、糖类、豆制品、西红柿、橘子等。这是因为高蛋白的饮食可以促进苯的氧化,增强肝脏的解毒功能,高糖类可以促进苯衍生物的排出,维生素 C 可以缩短凝血时间,防止白细胞降低,控制脂肪食量,有效减少苯在体内的积蓄和吸收。

三、接触汞物质人员

对象:油量计、气压表、荧光灯、整流器、温度计、石英灯等产品的生产人员以及汞矿开采人员。

饮食:这类人群应多吃一些富含维生素 B、C 的食物,如胡萝卜、动物肝脏、瘦肉、蛋类等。

四、接触锰物质人员

对象:从事陶瓷、电焊条、干电池等作业的工作人员。

饮食:这类人群应该多吃些含铁元素丰富的食品,例如瘦肉、动物肝脏、红薯、芹菜、黄豆及豆类制品等。

五、其他有毒有害作业

接触砷等有毒物质者,可在平时的膳食中多安排些砂糖;粉尘作业人员常吃些猪血;接触磷物质的人员应该多吃含有维生素 C 的瓜果、蔬菜,足够的蛋白质、碳水化合物及含较多钙质的食品;接触放射线的工作人员应该多吃些蛋类、豆类及豆制品、奶类等含蛋白质高的食品。